KB076394

누가 내꿈을
훔쳐 갔을까?

나의 꿈, 나의 삶을 강조하기 위해 연관 단어들을 붙여서 표기했습니다.
'내꿈', '남꿈', '내삶' 등등

온 나라에 울려 퍼지곤 하는 '꿈★은 이루어진다'는 외침 속에 인스타그램, 페이스북, 영화, 드라마, 노래 속에 분명 설레는 꿈이 넘치는데 그 안에 소박하지만 소중한 나의 꿈은 없고 화려하고 부러운 남의 꿈만 넘치는 것 같아서입니다.

만인의 꿈, 스타들의 꿈, 남들의 꿈까지 섞여 있는 '꿈'이라는 단어에서 나만의 꿈(내꿈)을 떼어내서, 내꿈을 생생하게 느끼고 생각하는 습관을 들였으면 하는 바람에서입니다. 내꿈이 없으면 절대 '꿈★은 이루어지지 않는다'고 생각하기 때문입니다.

내꿈은 내삶 속에 숨어 있습니다. 갈팡질팡, 빈둥빈둥, 방황하고 흔들렸던 내삶 속에 분명 내꿈이 숨어 있습니다. 정성을 다해 찾지 않아서 혹은 찾는 방법을 잘 몰라서 못 찾고 있을 뿐입니다. 지금부터 '내삶 속에 숨어 있는 내꿈'을 저의 가이드를 받으시며 함께 찾아 나서 보시지요.

누가 내꿈을
훔쳐 갔을까?

김상경 지음

진짜 내꿈을 찾아가는
내삶의 진북여행(True North Journey) 가이드북

예미

책을 시작하며

누가 내꿈을 훔쳐 갔을까요?

참 이상한 일입니다. SNS, 드라마, 영화, 노래, 책 등에 등장하는 꿈의 빈도수로 보면 대한민국은 단연 세계 최고의 '꿈나라' 중 하나입니다. 4년마다 열리는 월드컵 때는 2002년 월드컵이 역주행을 시작합니다. 온 나라가 "꿈★은 이루어진다!"며 박수치고 환호하고 즐거워하고 행복해합니다. 그런데 자기 꿈은 없다는 사람들이 많습니다. 이룰 꿈이 없는데 어떻게 꿈이 이루어질까요?

누군가 그러더군요. "인스타그램은 질투그램이다!" 참 공감 가는 표현입니다. 온라인에는 대부분 멋지고 즐겁고 행복한 모습만을 올립니다. 하지만 그 사람이라고 고민이 없고 고통이 없을까요? 그럼에도 우리는 온라인에 올라오는 수많은 사람들의 행복한 모습을 부러워하고, 질투하며 자신을 처량하게 느끼는 경우가 많습니다. 문득 이런 생각이 들더군요. '소박한 내꿈은 사라지고 부러운 남꿈만 남았구나!'

인간은 비교의 동물입니다. 사촌이 논을 사면 배가 아픕니다. 내 떡보다 남의 떡이 더 커 보입니다. 어떤 사람은 우스갯소리로 그러더군요. '배가 고파 죽는 사람보다 배가 아파 죽는 사람이 더 많다!' 삶에서 배가 고파 죽는 사람보다 남이 잘되는 것이 배가 아파 죽는 사람이 더 많다는 것입니다. 과장된 표현이지만 인간의 비교 본능을 잘 말해주고 있습니다.

인간 세상이 그리 넓지 않았던 오프라인 시대에는 비교 대상이 많지 않았습니다. 부러운 사람이 있다 해도 그리 많이 보이지 않았기 때문에 부러움과 질투를 느끼는 빈도가 높지 않았습니다. 하지만 세계가 한 마을이 된 온라인 시대가 되자 부러운 사람이 온 천지에서 눈에 뜨입니다. 심지어 나보다 잘난 것도 없고 착하지도 않은 것 같은데 나보다 훨씬 멋지고 편하고 행복하게 사는 사람들이 자꾸 보입니다. 부러우면 진다는데 자꾸 부러워집니다. 그러다 보니 소박한 내꿈은 사라지고 부러운 남꿈만 남게 된 것입니다.

그런 면에서 '꿈★은 이루어진다'라는 표현은 반은 맞고 반은 틀린 말입니다. 내꿈이 없는 사람들에게는 '남의 꿈★은 이루어진다' 라고 표현하는 것이 맞기 때문입니다. 박지성의 꿈, 박세리의 꿈, 박찬호의 꿈, 김연아의 꿈 말입니다. 그들의 꿈이 이루어진 것을 보면서 마치 내꿈이 이루어진 것처럼 진심으로 기뻐하고 환호하고 박수쳤지만 결코 내꿈이 이루어진 것은 아니었습니다.

정말 미친 듯이 온 국민들과 함께 울며 뛰며 기뻐했지만 결코 내꿈이 이루어진 것은 아니었습니다. 그들이 수십억, 수백억 연봉을 받고 평생 위대한 영웅으로 부와 명예 속에서 살아갈 때 그들의 꿈이 이루어진 것을 보며 울면서 박수치고 환호해주었던 내삶은 전혀 변한 것이 없었습니다.

하지만 다행스럽게도 저는 정말 우연한 기회로 '소박하지만 설레는 진짜 내꿈'을 만났습니다. 진짜 내꿈을 만나 보니 '남꿈은 부럽지만 내꿈은 설렌다'는 사실을 알게 되었습니다. 바꿔 말하면 대단해 보이는 남의 꿈은 내게 부러움, 질투, 불안, 초조, 우울 등의 부정적 감정을 일으켰지만 소박할지라도 내꿈은 내게 기쁨, 희망, 기대, 설렘, 보람 등의 긍정적 감정을 선물해 주었습니다.

게다가 진짜를 만나고 나니 비로소 가짜가 보이기 시작했습니다. 진짜 내꿈을 만나고 나서야 그동안 제가 가짜 내꿈에게 속고 살았다는 것을 알게 되었습니다. 어른들의 관심과 애정이 생존으로 받아들여지는 어린 시절 부모님이 원하는 꿈, 친척 어른들과 마을 어른들이 칭찬하는 꿈, 선생님들이 기대하는 꿈, 사회가 환호하는 꿈을 귀신같이 알아차렸습니다. 그들의 관심과 애정과 칭찬을 얻기 위해 즉흥적으로 대답하고 수시로 바꾸면서 그 꿈들이 진짜 내꿈인 것으로 착각했습니다.

10대 초에는 그렇게 남의 장단에 내꿈이 춤을 추었습니다. 어른들의 빈응피 표정에 따라 내꿈이 갈팡질팡했습니다. 어느 날은 대통령이 됐다가 어느 날은 판사가 되기도 하고 어느 날은 의사가 됐다가 어느 날은 외교관이 되기도 했습니다. 그러다가 어느 날인가 내꿈이 홀연히, 그야말로 소리 없이 사라졌습니다. 저는 내꿈이 사라졌다는 사실도 모르고 살았습니다.

20대 초 대학에 들어가서는 그냥 빈둥빈둥했습니다. 대학을 오기 위해 고생한 자신에게 주는 당연한 포상이라고 생각했고 어차피 군대 가면 공부한 것 다 잊을 것이니 실컷 놀다가 군대 다녀와서 3, 4학년 때 공부하면 된다는 자기변명도 동원했습니다.

돌이켜 생각해보면 중, 고등학생 때 내가 내삶과 내꿈의 주인이라는 것을 깨닫지 못했더라도 사회에 나가기 전인 대학생 때는 깨달았어야 했는데 그 마지막 기회를 놓친 것입니다.

그러다 보니 고등학교 2~3학년 때 바짝 공부해서 대학에 들어갔던 것처럼 대학 3~4학년 때 바짝 공부해서 회사에 들어갔고 대학에 들어서자 빈둥빈둥했던 것처럼 회사에 들어서자 빈둥빈둥했습니다. 20대 초와 다를 바 없는 30대 초였습니다. 그때까지는 내삶, 내꿈에 대한 진지한 관심과 애정, 주도성이 없었기 때문에 진학, 취직 등의 급한 불만 끄고 나면 먹고 마시고 노느라 정신이 없었던 것입니다.

내꿈에 대한 어른들의 반응과 표정에 따라 즉 남의 장단에 내꿈이 갈팡질팡 춤을 추었던 10대 때는 어른들이 내꿈을 훔쳐 갔습니다. 지혜롭고 현명한 어른이었다면 질문을 받는 아이의 재능과 관심은 전혀 고려하지 않고 자기의 잣대나 사회의 잣대를 마구 들이대지는 않았을 것입니다.

어른들의 관심과 애정이 생존의 기회 또는 위협으로 느껴지는 어린아이 때는 자기 재능이나 관심이 중요한 것이 아니라 어른들의 반응과 표정이 훨씬 중요합니다. 게다가 아이들은 자기 재능과 관심을 직업이나 사명으로 연결할 수 있는 지적 판단력이 없습니다. 그러니 자기 꿈에 자기가 없이, 어른들의 반응과 표정에 따라 반사적으로 내꿈을 내던지기 마련입니다.

그러다 대학 진학이 다가오고 어른들의 꿈에 대한 질문이 사그라지는 10대 후반에 들어서면서 자기도 모르게 내꿈이 사라집니다.

보통은 그렇게 10대, 20대, 30대로 흘러가고 장년이 되고 노년이 되어 갑니다. 그래서 평생 한 번도 진짜 내꿈을 만나 보지 못한 사람들도 많습니다.

사실 10대, 20대는 내꿈 찾기의 황금기입니다. 사회에 진출하기 전 자신의 재능과 관심, 직업과 시장의 미래를 비교, 검토해서 진짜 내꿈을 찾아야 할 시기가 바로 10대, 20대이기 때문입니다. 그 시기에 내꿈을 찾는 태도와 방법을 학습하고 경험하지 못한 채 치열한 경쟁 사회에 뛰어들면 그 이후로는 특별한 계기가 없으면 내꿈을 찾기가 힘들어집니다. 사회인이 되고 나면 먹고사는 일만으로도 정신없고 힘들기 때문에 내꿈을 찾는 것이 마치 한가하고 배부른 사람이나 부릴 수 있는 여유처럼 느껴지기 때문입니다.

그래서 내꿈 없이 늙어가게 되고 그게 아쉬워서 자기 꿈은 없으면서도 젊은이들에게 꿈이 없다고 혼내고 호통치는 어른이 되는 것입니다. 이와 같은 흐름이 반복되면서 아이들도 젊은이들도 어른들도 진짜 내꿈이 뭔지 모르고 살아가게 되는 것입니다.

내꿈에 대한 생각은 까맣게 잊어버리고 빈둥빈둥했던 20~30대 초 때는 내가 내꿈을 훔쳐 갔습니다. 몸은 어른이 되었지만 정신은 아직 성장하지 못했기 때문입니다. 가정교육과 학교교육에 대한 불평불만을 핑계로 내삶과 내꿈을 등한시한 저의 태도와 자세가 내꿈이

들어설 자리를 없애버렸던 것입니다.

가난하고 불우한 환경에서 자랐더라도 누구는 성공하고 누구는 실패하는 것처럼 제가 좀 더 일찍 어른이 되었다면 가정교육과 학교교육을 핑곗거리로 삼는 것이 아니라 그때 채우지 못한 내삶과 내꿈을 돌아보고 찾으려고 노력했을 것입니다.

30대 중반에 이르러서야 비로소 진짜 내꿈을, 그것도 아주 우연히 뒤척뒤척 찾아 나서기 시작했습니다. 처음에는 회사에서 생존하기 위해 내꿈을 찾기 시작했지만 그러던 중 어느 날 문득 '어! 이거 재미있네? 뿌듯하네?'라는 느낌이 들기 시작했습니다. 단지 놀이와 재미를 찾아 빈둥거리던 20~30대 초반의 느낌과는 차원이 너무 달랐습니다.

'내삶과 내꿈을 내가 주도하고 있다'는 그 느낌은 의외로 강렬하고 자극적이었습니다. 갈팡질팡, 빈둥빈둥하던 시절에는 즐기고 있는 그 순간에만 재미가 있었고 돌아서면 허전하고 허무한 느낌이 많았습니다. 자신에 대한 자신감, 자존감도 낮았습니다. 하지만 내삶과 내꿈을 나의 재능과 관심을 중심에 두고 자기 주도적으로 탐색하고 선택하고 몰입하자 자신감과 자존감이 커지기 시작했습니다. 무려 9년을 진짜 내꿈을 찾아 헤매면서도 그 시간이 아깝다는 생각이 들지 않았습니다. 무려 9년을 투자해서 진짜 내꿈을 스스로 찾게 되자 그 꿈을 생각만 해도 가슴이 두근두근했습니다.

진짜 내꿈을 만난 다음에야 가짜 내꿈과 그로 인해 잃어버린 내 세월을 알아차리게 되었습니다. 그러자 진짜 내꿈이 얼마나 소중한지 더 절실하게 깨닫게 되었고 더 몰입하게 되었습니다. 평범한 지능과 의지를 가진 저에게 절대영감과 절대의지라는 후천적 천재성이 생겼습니다. 스스로 진짜 내꿈을 찾게 되자 갑자기 다른 사람이 된 것처럼 지능이 높아지고 의지가 강해졌습니다.

그 결과 내꿈의 탐색과 몰입 방법에 대해 여러 권의 책을 쓴 작가가 되었고 기업, 기관, 학교, 군부대, 교도소 등에서 수많은 강의도 하고 개인들에게 코칭도 하는 내꿈전문가가 되었습니다. 대기업에서 임원도 아닌 사람이 40대 중반에 조종사와 승무원 결혼식 주례를 보고 강의 중에 펑펑 우는 승무원 후배도 경험하고 퇴직 후 스승의 날에 회사 후배로부터 감사 전화를 받는, 진짜 내꿈 덕분에 두근두근 설레는 40대와 50대를 경험하고 있습니다.

어릴 때 진짜 내꿈을 스스로 발견한 사람, 부모님의 선견지명 덕분에 진짜 내꿈을 일찍 찾은 사람도 있겠지만 그처럼 복 많은 사람은 극소수에 불과합니다. 대부분의 삶은 저와 비슷한 여정을 거친다고 생각합니다. 갈팡질팡, 빈둥빈둥, 뒤척뒤척…. 그렇게 살아가는 것이 보편적 인생인 것 같습니다. 하지만 저와 독자님들의 삶이 그렇게 끝나지 않았으면 합니다. 아무리 좋아하고 존경하는 스타라도 그의 삶과 꿈보다 내삶과 내꿈이 천 배, 만 배 소중하기 때문입니다. 그들만큼 찬란하고 위대한 꿈은 아니더라도, 소박한 내꿈을 통해서도 얼마든지 뿌듯하고 행복할 수 있기 때문입니다.

비록 10~20대 혹은 저처럼 30대까지 갈팡질팡, 빈둥빈둥 방황하며 살았을지라도 언젠가는 꼭 진짜 내꿈을 찾아 그 설레는 두근거림을 직접 느껴보셨으면 좋겠습니다. 젊은 독자에게만 드리는 말씀이 아닙니다. 어리고 젊은 자녀, 제자, 후배들에게 이 가슴 떨리는 삶을 알려주어야 할 어른들이야말로 먼저 경험해 봐야 할 일이기 때문입니다. 나이가 들어 늙는 것이 아니라 꿈이 없어 늙는다고 합니다. 젊은이들에게 꿈이 없다고 호통칠 자격이 있는 어른은 자기가 먼저 치열하게 진짜 내꿈을 찾고 몰입해 본 어른뿐이라 생각합니다.

저는 내꿈에 대해 이토록 친절하게 가르쳐주는 멘토가 없어 갈팡질팡, 빈둥빈둥하는 세월도 길었고 정신을 차린 후 진짜 내꿈을 찾는데도 9년이나 걸렸지만 그 과정에서 얻은 지혜와 경험을 이 책에 오롯이 담았으니 이 책을 읽는 분들은 저보다 훨씬 빨리 편하게 진짜 내꿈을 찾고 몰입하고 이룰 수 있기를 바랍니다.

자녀, 제자, 후배, 부하에게 진짜 내꿈의 가치와 방법을 알려주어야 할 어른(부모, 스승, 선배, 상사)들에게도 이 책이 좋은 가이드북이 될 것입니다. 저 혼자의 생각이 아니라 수백 권의 책과, 수백 명의 사람과, 수백 번의 세미나와, 수백 번의 커뮤니티 활동을 통해 얻고 깨달았던 지혜들을 치열하게 실천하고 적용해 본 다음, 엄마가 아이에게 거친 밥을 꼭꼭 씹어서 먹여주는 마음으로 쓴 책이기 때문입니다.

평생 1장처럼 갈팡질팡만 하다 가서는 안 될 것입니다.
평생 2장처럼 빈둥빈둥만 하다 가서도 안 될 것입니다.
평생 3장처럼 뒤척뒤척만 하다 가서도 안 될 것입니다.
언젠가는 진짜 내꿈 덕분에 두근두근하는 4장을 지나 그런 삶과 꿈에 공감하고 공명하는 사람들과 어우렁더우렁 늙어가는 것이 가장 아름답고 행복한 삶이 아닐까요?

이후의 제 삶은 그렇게 어우렁더우렁 살고 싶습니다. 5장에서 자세히 말씀드리겠지만 국어사전에 따르면 '어우렁더우렁'은 '여러 사람들과 어울려 들떠서 지내는 모양'이라 합니다. 저는 이미 저와 비슷한 가치를 추구하는 사람들과 진지한 삶도 나누고 즐기는 삶도 나누면서 의미와 재미를 함께 즐기며 어우렁더우렁 살아가고 있습니다.
'인간의 육체는 음식을 먹지만 인간의 영혼은 단어를 음미한다.' 이 책에는 다양한 신조어와 신조문이 나올 것입니다. 다양한 공식도 나옵니다. 모두 저의 '자가명언짓기습관'에 의해 만들어진 것입니다. 그동안 제가 치열하게 학습하고 실천했던 지혜와 경험들을 독자님들이 핵심단어, 핵심문장으로 쉽게 채집해가셨으면 하는 바람에서입니다. 핵심단어와 핵심문장을 음미하고 음미하다 보면 생각이 변하고 행동이 변하고 습관이 변해서 운명이 바뀔 수도 있을 것입니다.

에베레스트 베이스캠프를 2,000m에서 6,000m로 올리자 1년에 두세 명 정상을 등정하던 사람들이 지금은 1년에 몇백 명씩 등정하고 있다 합니다. 똑같은 사람, 똑같은 장비로 도전하는 것인데도 그런 차이가 나는 것은 시작점인 베이스캠프를 올려주었기 때문입니다. 부디 제 책이 자극적인 유혹과 위협적인 경쟁 속에서 살아가는 많은 분들의 베이스캠프를 올려주는 책이 되었으면 합니다. 늘 소풍날처럼 설레는 하루하루 되시길 소망합니다.

2022년 1월
누군가의 꿈이 현실이 되도록 돕는,
드림마에스트로 김상경 올림

목 차

제1장

갈팡질팡;

남의 장단에 내꿈이 춤추다

1
남의 장단에
내꿈이 춤추다

"아들! 커서 뭐가 되고 싶어?"

"음…. 대통령!"

"대통령이래, 대통령! 대통령 되면 아빠 뭐 시켜줄래?"

"어…. 탕수육!"

"하하하! 아저씨는? 아저씨는?"

"같이 드세요!"

"하하하!"

오래전 제작된 모 통신회사의 〈쇼하고 살자〉라는 광고 중 등장
인물들의 대화 내용입니다. 아마도 영상통화가 막 도입되던 시기에
방송된 것으로 기억합니다. 중동 건설현장에 가 있는 아빠가 영상

통화로 아들에게 "아들! 커서 뭐가 되고 싶어?"라고 묻자 놀이터에서 그네를 타고 있던 아들이 잠깐 멈칫하더니 내뱉는 대답이 "대통령!"입니다. 대통령이 되겠다는 아들의 꿈을 동료들에게 자랑하던 아빠가 대통령이 되면 아빠에게 뭐 시켜줄 것인지 묻자 자기가 좋아하는 "탕수육"을 외칩니다. 영상통화를 함께 시청하고 있던 아빠의 동료 아저씨들이 대통령이 되면 아저씨들에게는 뭐를 시켜줄 것인지 묻자 "같이 드세요!"라고 대답합니다. 아저씨들은 박장대소하고 아빠는 겸연쩍어하며 광고가 끝납니다.

저도 이 광고를 처음 보았을 때는 아이가 너무 귀여워서 광고에 등장하는 아저씨들과 함께 박장대소했습니다. 하지만 그 광고를 몇 번 반복해서 접하다 보니 자연스럽게 '나는 어땠지?'라는 생각을 하게 되더군요. 사실 저나 이 글을 읽고 계시는 독자나 어릴 적 꿈에 대한 질문과 대답 장면은 비슷하지 않았을까요? 저도 그랬고 제 친구들도 비슷했으니까요.

어렸을 때는 대통령이 엄청 흔하고 되기 쉬운 직업인 줄 알았습니다. 공부를 잘하는 친구는 그런대로 '될 수도 있겠다!'라고 생각되었지만 공부도 못하고 하는 짓도 밉상인 친구들까지 어른들이나 선생님들이 "넌 꿈이 뭐야?"라고 물으면 "대통령이요!"라고 외치는 친구들이 많았기 때문입니다. 그래서 어린 마음에 대통령이 되기도 쉽고 엄청 흔한 직업인 줄 알았습니다.

게다가 대통령을 외쳤을 때의 부모님과 선생님들의 반응과 표정이 너무 좋았습니다. 그냥 생각나는 대로 던진 말인데도 부모님과 선생님의 반응과 표정이 확 달라졌습니다. 어린아이일수록 부모님과 선생님의 관심과 사랑을 확인하는 것이 생존의 문제이기 때문에 저 역시 부모님과 선생님의 반응과 표정을 아주 예민하게 느꼈던 것 같습니다.

내가 던지는 직업의 종류에 따라 그들의 반응과 표정이 너무 달랐습니다. 심지어 "대통령이요!"를 외쳤을 때는 하늘을 나는 듯한 표정과 어감으로 칭찬하고 자랑하던 분들이 "이발사요!"라고 했을 때는 꿀밤을 먹이며 화를 내고 실망하는 표정이 역력했습니다.

그러다 보니 어린 마음에 꿈에 대한 대답을 어떤 직업으로 하느냐에 따라 칭찬을 받을 수도 있고 꾸지람을 들을 수도 있다는 것을 나도 모르게 학습하게 된 것 같습니다. 그것이 나에 대한 관심과 사랑을 확인하는 과정이었기 때문입니다.

시골의 작은 학교이긴 하지만 그래도 제법 공부를 잘했던 저에게는 유난히 꿈을 물어보는 어른들이 많았습니다. 부모님과 선생님들은 물론이고 마을 어른들도 시도 때도 없이 꿈을 물어보셨습니다. 그것이 그들에게는 내게 관심과 사랑을 표현하는 방법이었던 것 같습니다.

어린아이에게 딱히 할 말은 없고 뭔가 관심은 표현하고 싶고 그래서 습관처럼 던지는 말 중에 대표적인 말이 "넌 꿈이 뭐냐?", "넌 커서 뭐가 되고 싶니?"라는 말입니다. 어른들끼리 만났을 때 "날씨가 좋네요!", "요즘은 어떻게 지내세요?"라고 별 뜻 없이 말을 꺼내기 위해서 던지는 말처럼 그냥 던지는 말이 꿈에 대한 질문입니다.

그러나 그 질문을 받는 어린아이는 입장이 다릅니다. 어떤 대답을 선택하느냐에 따라 천당(칭찬)과 지옥(꾸지람)을 오가는 경험을 반복해서 하고 있기 때문입니다. 질문을 하는 어른 자신은 혼자 질문한다고 생각하지만 꿈에 대한 질문을 받는 어린아이는 그야말로 이 어른, 저 어른에게서 똑같은 질문을 수년간 반복해서 받습니다.

게다가, 자신들은 별 뜻 없이 질문해 놓고 그에 대해 어린아이가 대답을 잘 못하면 - 질문한 어른이 기대했던 대답이 아니면 - 꿈이 작다며 혼을 내는 사람, 꾸지람을 하는 사람, 혀를 끌끌 차는 사람 등 별의별 어른이 다 있습니다.

그러니, 어른들의 관심과 사랑을 먹고 사는 아이들은 자기 꿈을 생각할 겨를도 선택권도 없습니다. 자기가 뭘 좋아하는지, 뭘 잘하는지가 중요한 것이 아니라 질문을 하는 어른이 뭘 기대하는지가 중요합니다. 특히 부모님과 선생님의 관심과 사랑은 아이에게 생존의 문제이기 때문에 그들이 아이에게 하는 질문과 대답에 대한 반응과 표정이 아이의 생존본능 속에 깊이 각인될 수밖에 없습니다.

꿈이 뭐냐고 물어보는 어른은 많은데 꿈과 직업에 대해 설명해주는 어른은 없었습니다. 도대체 꿈이 내 인생에 어떤 영향을 주는지, 꿈을 이루기 위해 얼마나 많은 땀과 눈물을 흘려야 하는지에 대해 말해주는 어른은 한 명도 없었습니다.

어떤 직업을 이야기하면 칭찬을 하고 어떤 직업을 이야기하면 꾸지람을 하면서 직업에 대해 설명해주는 어른은 없었습니다. 직업이라는 것이 인생에서 어떤 의미를 갖는 것인지, 그 직업은 무슨 일을 하고 어떤 면이 좋고 어떤 면이 안 좋은지, 그 직업인이 되려면 어떤 노력을 해야 하고 어떤 것을 조심해야 하는지 알려주는 어른은 없었습니다. 그저 묻고 칭찬하거나 혼낼 뿐이었습니다.

그러다 보니 내꿈이 갈팡질팡했습니다. 심지어는 하루 안에도 꿈이 오락가락하는 경우가 많았습니다. 묻는 어른에 따라 바뀌기도 하고, 질문받는 시기와 장소에 따라 바뀌기도 했습니다.

꿈을 선택할 때는 '자신의 재능과 관심 분야를 알고 그에 맞는 꿈과 직업이 무엇인지 알고 그 꿈과 직업을 담고 있는 시장에 대해 알고 난 다음 선택해야 한다'는 꿈 선택의 진리와 원칙은 가르쳐주는 사람도 없었고, 알 수도 없었습니다. 그냥 본능적으로 나에 대한 어른들의 관심과 사랑을 확인하기 위해 수시로 꿈과 직업을 바꿔가야 했습니다.

앞에서 이야기한 모 통신회사의 〈쇼하고 살자〉라는 광고에 나오는 아이가 바로 저였습니다. 독자 여러분이기도 할 것입니다. 어른들의 반응과 표정에 의해 강요된 꿈을 말하는 아이는 엄밀히 말하면 꿈을 가졌다고 말할 수 없습니다. 어른들에게 질문을 받은 그 순간 관심과 칭찬을 받을 목적으로 내뱉은 하나의 단어일 뿐입니다.

꿈이라는 것이 뭔지도 모르고 자신이 대답한 직업이 어떤 직업인지도 잘 모릅니다. 내꿈과 직업이 중요한 것이 아니라 질문한 어른의 표정과 반응이 중요합니다. 부모님, 선생님, 친척, 마을 사람 등 여러 어른들에게 가장 많이 받는 질문 중 하나가 "꿈이 뭐야?"이기 때문에 아이는 자기도 모르게 학습이 됩니다. 그래서 최고로 칭찬받을 수 있는 직업을 골라 대답합니다. 〈쇼하고 살자〉 광고에서 아이가 "대통령!"을 외쳤던 것처럼 저도 그랬고 주변의 많은 친구들도 그랬습니다. 수십 년 전에도 그랬고 지금도 그렇습니다.

남들의 장단에 내꿈이 춤을 춥니다. 선생님들이나 친척들, 마을 어른들은 물론이고 심지어 부모님의 반응과 표정에 따라 내꿈이 수

누가 내꿈을 훔쳐 갔을까?

시로 오락가락합니다.

하지만 남들의 장단에 맞춰 선택한 꿈은 위험합니다.

첫째, 내 재능과 동떨어진 꿈일 확률이 높습니다. 재능과 동떨어진 꿈은 죽어라고 노력해도 성과가 잘 안 나오고 노력해도 성과가 안 나오면 재미도 없습니다.

둘째, 나는 싫은데 부모님 때문에 선택했다며 두고두고 부모님을 원망할 수 있습니다. 그것을 핑계로 반항하거나 쉽게 포기할 수도 있습니다.

셋째, 내꿈과 관련된 직업이 사라질 수도 있습니다. 4차산업혁명 시대가 가져올 직업의 변화를 전혀 생각하지 않고 꿈을 선택했는데 시장에서 그 꿈 자체가 사라질 수도 있습니다.

마지막으로, 가장 심각한 문제점입니다. 내 기준이 아니라 남의 기준에 의해, 그것도 이 꿈 저 꿈 마구잡이로 꾸다 보면 꿈의 가치가 훼손됩니다. 내꿈을 이루기 위해서는 많은 땀과 눈물을 흘려야 하는데 그걸 느낄 겨를이 없습니다. 많은 땀과 눈물을 흘린 후에 이룬 꿈이 주는 성취감을 경험할 기회가 없습니다. 그 경험을 통해 또다시 새로운 꿈을 찾고 그것을 향해갈 수 있는 깨달음과 의지력을 얻어낼 수 없습니다. 꿈을 향해가는 과정과 결과가 내삶을 '행복한 성공'으로 가게 하는 지름길이라는 진리를 알 수 없습니다.

남의 장단에 내꿈이 춤을 추다가는 꿈이 가벼워지고 사소해 집니다. 그냥 말로만 꿈을 꾸고 사람들과 '꿈'을 가지고 놀다 돌아서면 잊어버리는 장난감이 되어 버립니다. 〈쇼하고 살자〉의 아버지가 "대통령!"을 외치는 아들의 말에 아무런 생각 없이 "대통령이래, 대통령. 대통령되면 아빠 뭐 시켜줄래?"라고 반응한 것이 아들의 마음속에 있는 꿈을 가볍게 만들고 사소하게 만들고 장난감으로 전락시키고 있는 것입니다.

2

내꿈이
소리 없이 사라졌다

기억을 더듬어 보면 저의 어릴 적 첫 꿈은 과학자였던 것 같습니다. 어디서 어떻게 시작된 대답인지는 모르지만 한동안은 그렇게 대답했던 것 같습니다. 어른들의 반응도 그럭저럭 괜찮았던 것 같습니다. 어른들의 칭찬이 반복되면 한동안은 그 꿈이 주인공이 되더군요. 어린아이의 꿈은 어른들의 칭찬을 먹고 자라는 하마 같습니다.

전라도 땅끝마을 해남에서도 가장 끝단 문내면, 그 문내면에서도 산골에 있는 30여 가구의 작은 김씨마을 '심동'이 제 고향입니다. 문내면은 이순신 장군이 명량대첩을 일으킨 울돌목을 경계로 진도와 마주하고 있는 면입니다. 면 소재지 '우수영'은 한양에서 보았을 때 우측에 있는 수영이고 좌측에 있는 수영인 좌수영은 여수였다고 합니다. 우리 고향은 아직도 '우수영'이라는 지명을 자랑스럽게 사용하고 있고 우리 고향 마을 사람들은 영화 '명량'을 보며 '명량의 아들딸'이라는 자부심으로 하늘을 찔렀습니다.

저는 문내면 석교리에 있는 '문내동 초등학교'를 다녔습니다. 지금은 폐교가 돼서 가슴이 아립니다. 고향에 갈 때면 종종 추억에 젖어 들르곤 하는데 사람의 발길이 끊겨 초목이 우거진 학교터를 바라볼 때면 뭐라 말로 표현할 수 없을 정도로 쓸쓸한 감정에 휩싸이곤 합니다. 세월이 추억을 앗아가는 현장을 보는 것은 참 슬픈 일입니다.

쉬는 시간을 알리는 종이 울리면 서울 사는 사촌 누이가 선물해준 가죽 축구공을 안고 부리나케 운동장으로 뛰어나갑니다. 시도 때도 없이 터지는 고무 축구공을 가지고 놀던 시골 아이들에게 가죽 축구공을 가진 제가 대장입니다. 가죽 축구공을 안고 제가 뛰어나가면 아이들도 뛰어나갑니다. 그 짧은 쉬는 시간에 땀범벅이 되어 고래고래 소리를 지르며 축구를 하다가 수업 시작종이 울리면 부리나케 교실로 뛰어가야 합니다.

교무실을 떠난 선생님이 교실에 도착하기 전에 도착해야 합니다. 만일 늦었다간 공부해야 하는데 땀범벅이 될 정도로 날뛰었다고 불호령이 떨어지기 때문입니다. 재수 없는 날은 매를 맞을 수도 있고 교실 뒤에 손을 들고 있을 수도 있습니다. 그래서 선생님보다 먼저 교실에 도착했을 때의 스릴이 지금도 느껴집니다. 축구를 하는 재미도 재미지만 선생님께 안 들키고 동지들과 뭔가를 해냈다는 그 스릴 때문에 쉬는 시간마다 뛰어나간 것이 아닌가 싶기도 합니다.

초등학교를 졸업하고 면 소재지 우수영에 있는 우수영 중학교에 가게 되었습니다. 어느 날 한 아주머니가 묻더군요.

"애, 너 어디서 왔니?"
"심동이요!"
"촌에서 왔네!"
"아줌마, 우수영은 도시에요?"

어린 마음에도 기가 찼던 것 같습니다. 육 남매의 막내다 보니 서울 간 누나 만나러 초등학교 때 이미 서울을 몇 번 갔다 온, 나름 도회물 먹은 촌놈에게 '우수영은 도시'라는 듯한 아줌마의 말이 기가 찼습니다.

하긴 그때는 산골 아이가 면 소재지에 가는 것도 어쩌다 가능한 설레는 나들이이긴 했습니다. 그곳에 가면 눈이 돌아갈 정도로 세상에서 가장 맛이 있는 짜장면 집이 있었는데 아무 때나 갈 수 있는 곳이 아니었습니다. 오일장에 가는 엄마가 어쩌다 한번 '막둥아 엄마랑 장에 갈래?'라고 허락을 해주셔야 갈 수 있었으니까요. 잘 해야 몇 달에 한 번. 그러니 서울 나들이 전의 산골 아이에게 우수영은 도시였습니다.

산골에서 처음 벗어난 세상, 우수영으로 중학교에 갈 즈음에 제 꿈이 '판사'로 바뀌었던 것 같습니다. 물론 언제 바뀌었는지는 기억할 수 없습니다. 두 반밖에 없는 작은 시골 초등학교에서 공부를 잘한다고 해봐야 대수롭지 않은 일인데 부모님의 기대는 하늘 높은 줄 몰랐습니다. 그 기대를 어린 제가 본능적으로 느끼고 있었나 봅니다.

'대통령' 보다는 한 참 낮지만 '판사'는 어른들이 최고로 쳐주는 꿈 중 하나였습니다. 그 꿈을 대답하는 것만으로도 칭찬이 쏟아졌습니다. 칭찬과 관심을 먹고 사는 어린아이는 그 직업이 무슨 일을 하는지, 그 직업을 갖기 위해 얼마나 공부를 많이 해야 하는지는 알 길도 없고 관심도 없었습니다. 우선 당장 그 말을 했을 때 쏟아지는 어른들의 관심과 칭찬이 너무 달콤했습니다.

어쩌면 어린아이가 꿈이라는 도구로 어른들을 이용한 것인지도

누가 내꿈을 훔쳐 갔을까?

모르겠습니다. '내가 이 꿈을 꿀 테니 당신은 칭찬과 관심과 애정을 내놓으세요. 정말 기특하면 과자 사 먹게 용돈을 좀 주시던가요!'라며 말이지요.

지금 생각해보면 꿈이 이상한 방향으로 학습되고 훈련되고 있었던 것입니다. 꿈은 미래에 이루어지고 그 꿈이 이루어졌을 때의 성취감과 자부심도 미래의 일입니다. 어린아이에게는 너무 멀리 있어 보이지도 않고 냄새도 맡을 수 없는 미래의 사탕입니다. 하지만, 꿈의 종류에 따라 당장 주어지는 칭찬과 관심 때로는 용돈까지, 어린아이가 거부할 수 없는 중독성이 강한 현재의 마약입니다.

어른들이 자꾸 꿈을 물어보고 대답의 종류에 따라 반응과 표정이 바뀌다 보니 어른들의 관심과 애정이 생존의 문제인 아이들은 꿈을 통해 즉각적인 보상을 바라게 됩니다. 그것이 반복되면 그 쾌감에 중독되어 습관이 되고 고정관념이 되어 버립니다. '아! 꿈이란 이런 것이구나!'

제 인생의 두 번째 꿈 '판사'도 그렇게 선택되었다가 어느 날 문득 소리 소문도 없이 사라졌습니다. 이용하고 이용하다 약발(어른들의 칭찬과 관심)이 약해지면 내다 버리면 되는 것이 꿈이었습니다. 그런 다음 새로운 꿈을 주어오면 되었습니다. 어른들이 좋아할 만한 새 꿈을 찾아서 어른들의 반응이 어떤지 시험해 봅니다. 몇 명의 어른들의 질문에 그 꿈으로 대답해 보면 이 꿈을 계속 이야기할 지 말지 금방 알 수 있습니다.

어른들은 생각 없이 질문을 던지는데 아이는 심각하게 대답을 고릅니다. 같은 꿈을 계속 말하다 보면 어른들의 반응도 시큰둥해 지고 아이 자신도 재미가 없어집니다. 게다가 주변에 부러운 꿈도 보이고 다른 꿈을 이야기해서 나보다 더 관심받고 칭찬받는 친구도 보입니다. 그때쯤이 되면 꿈을 갈아탈 시기가 온 것입니다.

그렇게 갈아탄 내 인생의 세 번째 꿈이 '외교관'이었습니다. 중학 교와 고등학교 언저리에 잠시 머물렀다 사라진 꿈입니다. TV에서 외교관의 글로벌한 삶을 보았던 것 같습니다. 게다가, 어른들의 반 응도 판검사 못지않았습니다. 지금은 덜 하지만 당시만 해도 일단 '무슨 무슨 고시에 합격하겠다'라고 하면 신분 상승의 지름길로 가 는 것을 의미했습니다.

당시 옆 마을 어느 집 아들이 고시에 합격했었는데 온 마을 잔치 를 하고 난리가 났었습니다. 학교 갔다 오는 길에 온 마당을 덮은 커 다란 천막 아래서 온 마을 어른들이 풍악 소리에 맞춰 노래하고 춤 추고 있는 장면을 보았습니다. '아! 고시에 합격하면 이렇게 좋은가 보구나!', '엄마, 아버지가 엄청 좋아하시고 칭찬도 많이 해 주시겠 다!'라는 현장을 직접 목격한 것입니다.

부러운 마음 반, 칭찬받고 싶은 마음 반으로 외교관이 제 마음속에 들어왔던 것 같습니다. 한동안은 부여잡고 있었습니다. 다양한 나라에서 근무하는 멋진 직업이라는 것 이외에 딱히 외교관에 대해 알고 있는 것은 없었지만 그래도 고등학교 1~2학년 때까지는 막연한 꿈으로 간직하고 있었습니다. 하지만 그때까지였습니다. 굴뚝에 피어오르는 연기처럼 꿈이 사라졌습니다.

쉽고 가볍게 선택했기에 버리는 것도 쉽고 가벼웠던 것 같습니다. 아니 버린다는 생각조차 한 적이 없습니다. 그냥 사라졌습니다. 고등학교에 들어가자 어른들의 질문도 바뀌었습니다. "넌 꿈이 뭐야?"라는 질문을 하지 않았습니다. "어느 대학 갈 거야?"로 질문이 바뀌더군요. 어른들의 관심도 사라지고 저의 관심사에서도 꿈이 사라졌습니다.

오로지 서울에 있는 좋은 대학을 가야 한다는 생각 속에 시계추처럼 학교와 집, 학교와 집을 오가는 생활이 반복되었기 때문입니다. '꿈을 꾼다'라는 것이 마치 사치 같이 느껴지는 때였습니다. '어느 대학에 들어가는 것'이 마치 인생의 최종 목표인 것처럼 오로지 그 생각만 하다 보니 장래에 어떤 사람이 되겠다거나 세상에 어떤 도움이 되는 존재가 되겠다는 진짜 꿈은 자연스럽게 제 일상에서 사라져갔습니다. 내꿈이 내 일상에서 종적을 감췄습니다.

3
그런데 나는 내꿈이
사라졌다는 사실도 몰랐다

"김상경, 1번. 광덕고…! 광덕고? 광주에 광덕고라는 학교가 있었나?"

하늘이 무너졌습니다. 시골 아이가 처음으로 도회지로 나간다고 설레고 있었는데 저 한 마디가 가슴에 얼음물을 부었습니다.

당시에는 '고교평준화' 제도에 의해 도시에 있는 고등학교를 추첨제로 입학하던 때입니다. 저는 1번이 배정되어 내심 호남 최고의 명문이었던 광주일고를 기대하고 있었습니다. 그런데 '광덕고라니…?' 저도 처음 들어본 학교였습니다.

게다가, 학교 배정 결과를 발표하신 선생님은 전남대 사학과 졸업 후 학교로 오신 지 얼마 되지 않은 젊은 분이었습니다. '광주에서 최근까지 살았던 분인데 그 존재도 모르는 고등학교라니…' 실망이 이만저만이 아니었습니다.

학교에 가보니 설립된 지 3년도 안 된 신생 고등학교였습니다. 진입로도 포장이 안 돼 비가 조금만 와도 진흙탕 사이사이 솟아오른 흙무덤을 징검다리 삼아 펄쩍펄쩍 뛰어 등교를 해야 했습니다. 운동장도 자갈밭이고 건물의 페인트 냄새도 가시지 않은 신생 학교였습니다. 다행히 지금은 광주에서 제법 명문 학교가 되어있지만 등교하던 그 날의 실망은 평생 잊을 수 없을 것입니다.

"김상경, 운항검열부!… 운항검열부? 우리 회사에 운항검열부라는 부서가 있었나?"

아시아나항공 신입사원 교육과정 마지막 날 중학교 때와 똑같은 일이 벌어졌습니다. 촌놈이 도회지로 나가는 순간이나, 학생이 사회인이 되는 순간이나 설렘과 두려움이 교차하는 미묘한 순간입니다. 인생에서 가장 불안하고 예민한 시기라고 할 수 있습니다.

그런데 저는 바로 그 두 순간에 똑같은 일을 당했습니다. 당시 신입사원 부서 배치를 발표하던 사람은 인사팀 과장이었습니다. '과장'이면 이미 수년간 회사에 근무한 사람입니다. 그것도 회사의 인사와 조직을 담당하는 인사팀 과장인데 그런 사람이 모르는 팀이라니. '내가 그 정도로 박한 평가를 받았나?' 하는 자괴감에 가슴이 무너져 내렸습니다. 고등학교 배치 발표 때의 그 아픈 기억까지 더해져 그때보다 훨씬 더 아팠던 것 같습니다.

실제 운항검열부에 가보니 일반직 딱 2명이 앉아 있더군요. 부서원 대부분은 조종사들이었는데 대부분 비행 나가고 없고 사무실에는 일반직 2명이 달랑 앉아 있었습니다. '인사팀 과장님이 모를 만 하구나!'라는 생각이 들었습니다. 항공사 일반직들에게 가장 한직이 조종사 본부인데 그 조종사 본부에서도 가장 한직이 운항검열부였습니다. 그러니, 조심성 없고 치밀하지 않은 인사팀 과장은 모를 수도 있는 부서였습니다. 여담이지만 그 과장님이 조금만 조심성이 있고 다른 사람을 배려하는 사람이었다면 첫 부서를 배정받는 신입사원 앞에서 '이런 부서가 있었나?'라는 한심한 언행은 하지 않았을 테니까요. 중학교 때 그 선생님도 마찬가지고요.

아무튼, 그렇게 내가 아닌 누군가(남)의 결정에 의해 내 인생이 흘러갔습니다. 내가 흘린 땀과 눈물과는 무관하게 나라의 제도, 회사의 방침, 상사의 의도에 의해 내 삶의 방향이 획획 바뀌는 경험을 뼈저리게 한 것입니다. 두 번의 기이하고 유사한 사건을 통해 '내가 아닌 남이 내 운명을 쥐고 흔드는구나!'라는 사실을 누구보다 빨리 경험한 것 같습니다.

　세월이 지나 돌이켜보면 꿈꿀 여유가 없었습니다. 몇십만 명의 경쟁자들과 경쟁해서 바늘구멍 같은 좋은 대학에 들어가야 하고 바늘구멍 같은 대기업에 들어가야 하고 좋은 부서에 배치받아야 하고 그런 다음에는 또 회사 동료들과 치열한 정치 싸움과 업무 경쟁을 하면서 살아가야 하니 말이지요.

　그래도 중학교 언저리 때까지는 꿈을 상상하고 희망할 여유가 있었던 것 같습니다. 하지만, 고등학교를 큰 도시로 가야 한다는 - 지금으로 말하면 좋은 고등학교를 가야 한다는 - 숙제가 생기면서부터 내 머릿속에서 꿈이 서서히 자취를 감추기 시작했던 것 같습니다. 그것도 지금에 와서 돌이켜보니 당시 상황이 해석되고 이해되는 것이지 그때 그 나이 때는 그런 판단력도 없었고, 자기 상황을 돌이켜볼 여유도 없었습니다.

　주변에서도 "꿈이 뭐야?", "커서 뭐가 되고 싶은데?"라는 질문이 사라지고 "고등학교는 어디로 가?", "좋은 고등학교 가야지?"라는 질문이 들려오기 시작했습니다. 아직 어려서 자기 인생을 깊이 있게 살펴볼 수 있는 판단력은 없지, 주변에서는 자꾸 꿈이 아니라 학교를 물어보지, 학교에서는 좋은 고등학교를 목표로 압력과 통제가 들어오기 시작하지. "내꿈은 이거니까 난 이렇게 할래요?"라며 내 생각을 선택하고 주장할 엄두를 내지 못했습니다. 그러니 꿈이 배겨 내지 못하고 자취를 감춘 것이었습니다.

내꿈이 "나, 간다!"라고 알려주지 않았습니다. 내가 사회적 압력과 경쟁에 휘말려 정신을 못 차리는 상황이 되자 그냥 소리 소문없이 사라진 것입니다. 그래서 저는 내꿈이 사라졌다는 사실조차 몰랐습니다. 마치 개미지옥에 빠져 살아나오려고 허우적거리는 개미처럼 사회가 던져 준 목표를 쟁취하려고 허우적거리기 시작했기 때문입니다. 오로지 그것밖에 생각하지 않고 있으니 꿈이 사라진 걸 눈치채지 못하는 것도 당연한 일이긴 합니다.

앞에서 아는 사람이 걸어와도 내가 다른 생각에 빠져있다 보니 그 사람을 알아보지 못한 경험을 한두 번은 해 보셨을 것입니다. 상대는 "서운하다!", "그럴 수 있느냐?", "버릇이 없다!" 등등 난리를 쳐도 진짜 못 느낄 때가 있습니다. 생각이 딴 곳에 가 있으면 눈은 그저 주인 없는 창문에 불과하니까요.

좋은 학교 생각에 빠져있는 주인 때문에 내꿈이 딱 그런 처지가 되어버린 것입니다. 내꿈이 사라졌다는 사실을 알게 될 때는 30대 중반이 되어서야 입니다. 그것도 스스로 노력해서 알게 된 것이 아니라 외적인 환경에 의해서입니다. 한직 중의 한직인 운항검열부에서 벗어나야겠다고 호시탐탐 노리고 있을 때 회사에서 공지가 떴습니다. '인터넷 마케팅팀을 신설할 것인데 내부에서 전문가를 뽑

겠다. 인터넷 마케팅 지식 또는 경험이 깊은 사람은 인사팀에 지원하라'

운항검열부를 벗어나야 한다는 생각으로 사내이력서를 다소 침소봉대했습니다. 그 덕분인지 다행스럽게도 1등으로 뽑혀 신설 팀 멤버로 발탁되었습니다. 문제는 그때부터였습니다. 사실 386세대인 제가 인터넷을 알 리 만무했습니다. 당시 유행했던 나모 웹에디터 기초 과정을 들은 것이 유일한 경험이었습니다. 그 스토리를 잘 포장해서 전문가인 양 이력서를 썼던 것입니다.

그런데, 신설 팀이다 보니 업무를 배울 대상이 없었습니다. 보통 새로운 팀에 가면 선배에게 배우거나 문서를 통해 배우는데 신설된 인터넷 마케팅팀에는 그 업무를 해본 선배 한 명, 그 업무에 대한 문서 한 장 없었습니다. 선배들에게 물어보면 저보다 더 나이 든 사람들이다 보니 인터넷 따위는 모르니 자기에게는 묻지 말아 달라고 손사래를 쳤습니다. 때로는 "니가 1등으로 뽑혔잖아! 니가 알아서 해!"라는 반응도 있었습니다.

수렁에서 벗어나니 늪이었습니다. 사표를 생각했죠. 인터넷 관련 전문 용어도 못 알아듣겠고 내가 뭘 모르는지도 모르는데 프로그래머들을 지휘해서 아시아나항공과 거래하는 전 세계 여행사가 함께 사용할 수억 원짜리 프로그램을 개발하라니요. 내 전문성을 과장하여 뽑혔기 때문에 다른 사람에게 하소연할 수도 없고 기댈 수도 없었습니다. 스스로 백척간두에 나선 느낌이었습니다. 하다 하다 안 되니까 자연스럽게 사표를, 도피를 생각하게 되더군요.

그런데 다행히도 사표를 선택하지 않고 회사라는 상자의 밖으로 나갔습니다. 안에서 배울 수 없다면 상자 밖으로 나가보자 싶었습니다. 당시 강남에 있었던 내외컴퓨터 학원이라는 곳에서 PC 분해조립을 배우고 매일 퇴근 후 테헤란로에 가서 인터넷 전문가들을 만나고 그들의 세미나를 수강하고, 그들의 커뮤니티에 참석하여 그들이 읽는 책을 읽기 시작했습니다.

그때는 꿈이라기보다 목표에 가까웠습니다. 어차피 내가 저지른 일이고 사표 내고 나갈 용기가 없으면 최소한 생존이라도 해야 했기 때문에 생존이 목표이자 꿈이었습니다. 생존을 위한 나 홀로 전투를 하는 세월이 쌓여갔습니다. 그리고 생존을 위한 몰입의 시간이 3~4년 쌓이자 놀라운 성과들이 만들어지기 시작했습니다. 저는 그저 생존을 위해 어쩔 수 없이 몰입할 수밖에 없었는데 의도했던 생존을 초월하는 성과들이 나오기 시작한 것입니다.

자화자찬하는 것 같아 열거하기 쑥스럽지만 왕초보가 몰입을 통해 단기간에 전문가적 성과를 만들어낸 실제 사례이기 때문에 몇 가지 열거해 보겠습니다. 아시아나항공과 거래하는 전 세계 여행사가 항공권 거래에 사용하는 인터넷 플랫폼을 항공업계 최초로 개발하여 한국경제 마케팅대회 금상과 아시아나항공 업무개선 경진대회 대상을 받았습니다. 아시아나항공과 거래하는 여행사가 사용할 B2B 인스턴트 메신저인 '아시아나 메신저'를 전 세계 항공업계 최초로 개발하여 금호그룹 업무개선 경진대회 금상을 수상했습니다. 이 외에도 아시아나 사이버 캠퍼스 최초 개발 등 여러 가지가 있는데 이 정도로 사례는 마치겠습니다.

중요한 것은 이 과정에서 깨달은 점입니다. 그때는 '꿈'과 '목표'가 어떻게 다른지 잘 몰랐습니다. '꿈과 목표가 어떻게 다른지'를 알려야겠다는 것도 이 책을 쓴 목적 중 하나이기 때문에 뒤에서 그 이야기도 나눌 예정입니다. 암튼 위와 같은 경험을 하면서, 내가 이루고 싶은 강렬한 꿈과 목표가 있으면 평범한 사람도 비범한 성과를 이루어낼 수 있다는 확신을 얻게 되었습니다.

꿈과 목표가 없을 때는 뜻 없이 흘려보내는 시간과 자원이 뚜렷한 꿈과 목표가 생기면 그 꿈과 목표를 향해 내 시간과 자원이 흘러가고, 일관되게 집중해서 사용하게 됩니다. 그리되면 단기간에 발전과 성장이 이루어지고, 비범한 성과가 나오는 것은 자연스러운 결과였습니다.

그러면서 드디어 인생에서 처음으로, 스스로 진지하게 꿈에 대해 생각하게 되었습니다. '꿈이라는 것이 한번 선택하면 인생에 엄청난 영향을 주는구나', '평범한 사람도 자기가 선택한 꿈이 생기면 엄청난 집중력이 생기는구나', '평범한 사람도 일정 기간 꿈에 몰입만 할 수 있다면 엄청난 결과를 만들어 내는구나!'라는 생각이 들었습니다.

한때 강호동 씨가 진행했던 <스타킹>이라는 프로그램에서 그 증거들을 쉽게 발견할 수 있었습니다. 출연진 중에는 태어날 때부터 천재성을 가지고 태어난 사람도 있었지만, 그 반대의 경우도 많았습니다. 선천적인 장애를 가진 사람도 있었고 심지어 지능이 떨어지는 사람도 있었습니다. 그럼에도 자기 일 또는 꿈에 일정 기간 몰입한 결과 달인이 되고 장인이 된 사례들이 수없이 많았습니다.

서울 공대 황농문 교수님이 '몰입'이라는 책에서 『몰입』의 놀라운 효과를 실제 사례를 들어 이야기합니다. 물론, 서울대 교수이니 몰입과 관계없이 이미 천재가 아니냐며 반론을 제기할 수도 있지만 책을 읽어보면 몰입 과정에서 얻어지는 중독성 강한 쾌감과 놀라운 창조 능력을 이해할 수 있습니다.

이때쯤 제 인생에서 꿈이 사라졌다는 사실을 문득 알게 되었습니다. 그전까지는 꿈이 사라졌다는 사실을 전혀 모르고 살았는데 회사 상황 때문에 목표를 설정하고 몰입하는 과정에서 꿈과 목표의 가치와 효과를 느끼게 되자 '내꿈은 언제 사라진 거지?'라는 의구심이 들었던 것입니다.

무려 20여 년간 제 인생에서 꿈이 사라졌다는 사실을 전혀 모르고 살았습니다. 그 세월이 너무 아까웠습니다. '아무리 환경이 그렇다고 그 핑계로 내가 내꿈을 저버리고 살았구나!'라는 반성도 되고 '누군가 내게 이런 이야기를 미리 좀 해 주었더라면' 하는 아쉬운 생각도 들었습니다.

우리 사회는 꿈을 제대로 가르쳐주지도 않으면서 호통만 치는 사회인 것 같습니다. 그런 생각 때문에 가수의 꿈이라는 것이 무엇인지 조목조목 알려주고 닦아주고 깎아주는 박진영 씨의 모습을 보며 눈물지을 때가 많습니다.

하지만 우리와 같은 일반인들도 그저 감동하고 눈물만 흘리고 마는 감동 소비자로 끝나서는 안 된다고 생각합니다. 박진영 씨가 그의 길에서 꿈의 어른 노릇을 제대로 하고 있는 것처럼 다른 어른들도 자신의 길에서 꿈의 어른 노릇을 제대로 한다면 그저 '꿈★은 이루어진다!'라며 외치고 노는 남의 꿈이 아니라 한사람 한사람의 소박하지만 소중한 내꿈이 되살아날 것이기 때문입니다.

저는 박진영 씨가 꿈에 대해 이야기하는 장면과 그 이야기를 경청하고 있는 가수 지망생 그리고 박진영 씨의 한마디 한마디에 감동하고 있는 국민들을 보면서 감동 생산자 박진영 씨의 사명감, 성취감, 자기효능감, 자아실현감이 가장 부럽습니다.

그런 반성과 후회, 깨달음이 있어 제 이야기를 재료로 삼아 이 책을 쓰게 된 것입니다. 제 후배들은 저보다는 일찍 '꿈이란 무엇인가?'를 이해한 다음, 자기만의 제대로 된 꿈을 찾고 몰입하는 기쁨과 그걸 이루었을 때의 비교할 수 없는 행복감을 느껴봤으면 하는 바람입니다.

비록 박진영 씨와 같은 대단한 성공자는 아니지만 모든 사람이 그리될 수도 없고 그리될 필요도 없다고 생각합니다. 비범한 사람이 사회 구성원 중 1% 안팎이라면 평범한 사람은 99% 안팎일 것입니다. 그렇다면 비범한 사람의 꿈보다 평범한 사람의 꿈이 훨씬 소중합니다. 게다가 비범한 사람은 꿈을 도와주지 않아도 성공할 가능성이 크지만 평범한 사람은 좀 더 세밀하고 계획적인 꿈이 필요합니다. 그래서 내꿈을 찾기 전에 먼저 꿈이 무엇인지, 어떻게 찾는 것이 좋은지, 어떻게 몰입하는 것이 효율적인지 등 꿈 자체에 대한 이해가 필요합니다. 이 책이 그 이해의 재료와 도구가 되었으면 합니다.

4

꿈을 가르치고, 호통치는 사람도 자기 꿈이 없었다

"여보, 지은이 친구 엄마들이 집에 놀러 왔었는데 당신 책상 위에 있는 비전노트를 보고 '이게 뭐냐?'고 물어보는데 창피해서 혼났어."

어느 날 퇴근하고 집에 들어서는데 집사람이 겸연쩍은 표정으로 던진 말입니다. 아마도 딸아이 친구 어머님들이 집에 놀러 왔었나 봅니다. 그중 한 분이 제가 늘 책상 위에 세워 놓는 제 비전노트를 보고 '50이 다 되어가는 아저씨가 뭘 이런 걸 해?'라는 표정으로 "이 게 뭐야?"라고 물어서 집사람이 당황했었나 봅니다.

그래서 제가 집사람에게 이렇게 대답했습니다.

"왜, 나이 들면 꿈이 필요 없어?"

저는 제 인생의 꿈과 목표와 계획을 한 페이지의 비전노트에 기록 후 투명 액자에 넣어 여기저기 세워두기도 하고 다이어리 표지의 비닐 캡에도 비전노트를 넣어 늘 가지고 다닙니다. 깨어있는 동안은 수시로 제가 제 꿈에 세뇌되기를 바라기 때문입니다. 사실 이렇게 20년 넘게 살다 보니 꿈속에서도 내꿈을 꾸곤 합니다.

저 자신이 보통의 지능과 평범한 의지를 가진 사람이라는 것을 잘 알고 있습니다. 그래도 돋보기의 초점처럼 제 꿈에 제 지능과 의지를 초 집중시킬 수만 있다면 저도 비범한 결과를 만들어낼 수 있다고 확신합니다. 아주 잠시 잠깐씩이지만 20년 넘게 매일 제 비전노트와 동거하면서 시도 때도 없이 보고 또 보며 살았더니 별거 아닌 종이 한 장에서 수많은 영감과 자극, 지혜와 열정이 우러나왔습니다.

이 별것 아닌 습관 덕분에 한국경제마케팅 대회 등 사내외에서 굵직굵직한 상을 받을 정도로 창조적인 프로젝트를 기획할 수 있었고 다양한 강의를 개발하고 몇 권의 책까지 쓰는 일이 벌어졌습니다. 사실 전 책을 쓰겠다고 생각해 본 적도 꿈을 꾸어본 적도 없는 사람이었습니다. 그런데 제 꿈을 비전노트에 정의한 후 동거를 시작했더니 꿈조차 꾸지 않았던 꿈이 생기고 몰입되고 이루어져 갔습니다.

누가 내꿈을 훔쳐 갔을까?

제 영혼의 동거인(人) 비전노트는 내삶과 내꿈의 지혜 발전소이자 에너지 발전소입니다.

무엇을 어떻게 해야 할지 모르고 갈팡질팡하는 제게 수시로 '네가 너에게 다짐한 꿈은 이거잖아! 이런 방법도 좋지 않을까? 이런 멘토도 찾아보고 저런 책도 읽어봐!'라며 힌트도 주고 영감도 줍니다.

유혹에 흔들리는 제게 수시로 '네가 너에게 약속한 꿈은 이거잖아! 왜 자꾸 한눈을 파는데? 왜 자꾸 흔들리는데?'라고 자극도 주고 열정도 선물합니다.

평범한 사람이라도 일정 기간 몰입만 할 수 있다면 게으른 천재보다 훨씬 위대한 성과를 낼 수 있다는 사실은 사방에서 그 증거를 발견할 수 있는 자연의 법칙입니다. 강호동 씨의 〈스타킹〉에서도 수없이 확인했고 성인과 현자들의 책에서도 수없이 발견했습니다. 저보다 더 많이 탐색하고 공부한 이지성 작가가 『꿈꾸는 다락방』에서 이야기한 'R=VD 법칙', 즉 '생생하게Vivid 꿈을 꾸면Dream 이루어진다Realization' 법칙도 같은 이야기라 생각합니다.

저도 어릴 적에는 앞에서 이야기했던 것처럼 제 꿈은 없고 어른들에게 잘 보이고 싶어 던지는 꿈이 제 꿈이라고 착각하며 살았던 사람입니다. 그런 꿈이다 보니 나도 모르는 사이에 꿈을 잊고 살았던 것이고요. 그런데 회사에서 생존하기 위해 꿈과 목표를 정하고 몰입하다 보니 문득 '꿈에 몰입하는 삶'의 가치와 보람, 기쁨, 성취감, 자아존중감, 자기효능감 등을 깨닫게 된 것입니다. 그리고 그 이후 삶은 과거의 저라면 깜짝 놀랄 정도로 완전히 다른 삶, 완전히 다른 사람의 삶이 되었습니다. 내가 선택한 내꿈이야말로 내삶을 행복한 성공으로 이끄는 동아줄이었습니다.

그렇게 삶과 꿈에 대한 가치관이 완전히 변화된 상태인 저였기 때문에 '딸아이 친구 엄마의 질문과 그 질문에 당황한 집사람 이야기'를 통해 저는 다시 한번 '꿈을 강요하고 가르치고 호통치는 어른들이 자기 꿈은 없다'는 증거를 발견했습니다. 제 비전노트를 보고 놀라서 질문했던 그 어머니는 분명 자기 꿈은 없을 것입니다. 꿈이 있다면 '내가 어떤 사람이 되겠다'라거나, '내가 무슨 일을 하고 싶다'라는 내꿈이 아니라 '내 아이를 어느 고등학교에 보내야지!' 혹은 '내 아이를 어느 대학에 보내야지!'라고 하는 꿈을 가장한 희망을 가지고 있을 것입니다. 그 어머님뿐만 아니라 제가 만난 많은 엄마, 아빠에게서 꿈을 가장한 희망을 수없이 보았습니다. 내가 못 가졌거나 못 이룬 꿈을 아이에게 투사하고 있는 것이지요. 꿈과 희망을 혼동하고 있는 것입니다.

세상 어느 일도 직접 반복해서 경험해보지 않은 사람은 그 일에 대해 절대 깊은 지혜를 가질 수 없습니다. 책과 이론 속에는 현장의 무한한 변수와 위험을 절대 다 담을 수 없기 때문입니다.

자기만의 꿈을 찾아 몰입해본 경험이 있는 사람만이 제 꿈의 절대멘토, 절대스승입니다. 강호의 절대고수가 되기 위해 반드시, 제일 먼저 거쳐야 하는 과정이 무림에 숨어 있는 절대고수를 찾아가는 것입니다. 그 고수에게는 3천 년의 내공이 전수되어 있기 때문입니다. 나 혼자서는 100년을 살며 무술을 연마해도 3천 년 내공이 쌓여있는 절대고수의 발끝에도 다다를 수 없습니다.

절대고수를 찾아 청소, 빨래, 설거지부터 시작해서 열심히 내공을 전수 받으면 3년쯤 지나 "가르쳐줄 것은 다 알려주었으니 이제 하산하거라!" 하실 것입니다. 하지만 이때까지는 스승을 넘어설 수 없습니다. 칼 쓰는 최고의 방법을 배우긴 했으나 방법만 알 뿐 칼이 내 몸이 돼서 무서운 무기로 작동하기까지는 실전 경험이 반드시 필요하기 때문입니다.

스승을 뛰어넘는 청출어람 초절정고수가 되기 위해서는 강호로 나와 다른 절대고수의 수제자들과 맞짱뜨기를 반복해야 합니다. 다른 고수의 수제자들과 결투를 반복해야 스승이 가르쳐준 방법이 내 몸에 완전히 녹아들기 때문입니다.

저의 첫 책『절대영감』을 출간하는 데 만 10년이 걸렸습니다. 수

많은 출판사에서 거절당하고 원고를 3번이나 다시 써야 했습니다. 너무 힘들고 고달파서 뭐가 잘못 된 것인가 수없이 생각해 보았습니다. 모두 제 잘못 때문이었습니다. 제가 한 번도 가보지 않은 길을 가면서 그 분야 전문가를 찾아보지 않고 무턱대고 덤벼든 죄입니다.

나중에야 출판 분야 절대고수를 만나 5년여간 그분과 마포나비 소풍이라는 큰 독서모임을 맡아 운영하면서 저의 부족한 점과 잘못을 알게 되었습니다. 새로운 분야를 빨리 편하게 위험을 최소화해서 성공적으로 가고 싶다면 반드시 그 분야의 절대고수를 먼저 찾아봐야 합니다. 그분의 모든 지혜와 경험을 배운 다음에는 시장에 나가 다른 절대고수의 수제자들과 교류를 반복하면서 한 사람에게 배운 지혜와 경험이 맞는지, 그걸로 다른 사람을 이길 수 있는지, 내게 맞는 부분은 어떤 부분이고 나와 안 어울리는 부분은 어떤 부분인지 실전을 통해 실험해 봐야 합니다.

상자 밖의 지혜와 경험으로 상자 안의 지혜를 도마질해 봐야 합니다. 서로 비교해 보고 붙여보고 떼어보고를 반복하다 보면 내 몸에 완전히 녹아들기 때문입니다. 그래야 내게 지혜와 경험을 나누어주었던 절대고수를 초월하는 초절정고수가 될 수 있습니다.

첫 책을 내기까지 10여 년간의 고통스러운 경험과 5년여간의 수

련과정을 거쳐 이 진리를 깨닫게 되었습니다. 그리고 이 진리에 제 나름대로 '절대고수론'이라는 이름을 붙였습니다.

"절대고수가 되고 싶으면 제일 먼저 절대고수를 찾아가라. 그분의 지혜와 경험을 전수받은 다음에는 강호로 나가 다른 절대고수의 수제자들과 지혜와 경험의 맞짱뜨기를 반복하라. 교류하고 비교하고 경쟁하라. 그러면 스승을 넘어서는 초절정고수가 될 것이다. 인간 세상이 이만큼 발전할 수 있었던 것은 '절대고수론'을 실천해서 스승을 넘어선 제자들의 노력과 기여 덕분이다." 이것이 제가 정의한 '절대고수론'입니다.

그런데, 안타깝게도 자기 꿈을 자신이 선택하고 그 꿈에 스스로 몰입해서 얻은 실천적 지혜와 경험을 아이들에게 알려줄 수 있는 꿈 멘토, 꿈 스승이 사라지고 있습니다. 저마다 바쁘다는 핑계, 힘들다는 핑계로 아이들에게만 꿈을 강요하고 가르치고 호통치면서 자기 꿈을 놓아버린 어른들이 너무 많습니다. 마치 어른은 그래도 된다는 것처럼 스스로 자기방어 혹은 자기변명을 하면서 말이지요.

'아이는 부모의 등을 보고 자란다.'라고 합니다. 저 '부모'라는 단어를 '스승' 또는 '상사'로 바꿔도 될 것입니다. 한 마디로 아이들은 어른들의 등을 보고 자랍니다. 특히 인간은 태어나자마자 일어서고 달리는 동물들과 달리 어른들의 보살핌이 없으면 생존할 수 없습니다. 그런 인간의 아이들은 어른들의 관심과 애정이 생명줄입니다. 그래서, 아이들은 관심받기 위해, 칭찬받고 사랑받기 위해 어른들의 등을 보고 따라 하게 됩니다. 따라 해서 혼나면 그만두고 칭찬을 받으면 계속합니다. 그러면서 아이의 가치체계가 만들어지고 아이의 판단 기준이 형성되고 아이의 말과 행동이 바뀌어 갑니다. 곧 어른이 아이의 운명을 좌우하는 것입니다.

'세 살 버릇 여든까지 간다'고 아이들을 호통칠 일이 아닙니다. 그 여든까지 가는 세 살 버릇은 아이들이 만들 수 있는 버릇이 아닙니다. 세 살짜리 아이가 무슨 생각이 있고 판단력이 있어서 지 버릇을 지가 만들겠습니까? 세 살짜리의 버릇은 어른이 보여주는 말과 행동, 어른이 보여주는 반응과 표정에 의해 만들어지기도 하고 부서지기도 하는 것입니다. 그러니 어른들은 아이들을 호통치기 전에 '여든까지 가는 세 살 버릇, 어른이 만든다.'라는 사실을 잊어서는 안 될 것입니다.

어렸을 때는 '내게 꿈을 물어보는 어른이 자기 꿈은 없는 것 같다.'고 막연하게 느꼈던 것 같습니다. 나이가 들어가면서 저 역시 꿈이 없으면서 아이들에게 꿈을 묻곤 했습니다. 아이와 마땅히 할 이야기는 없고 관심 있는 척은 해 주고 싶을 때 약방의 감초처럼 "꿈이 뭐야?"를 읊어대고 있었던 것입니다. 물론 그때는 제가 그렇게 하고 있다는 사실조차 몰랐습니다.

하지만 진짜 내꿈을 고민하고 알게 되면서 현실을 깨닫게 되었습니다. 20년 넘게 꿈에 대해 학습하고 실천하고 나누는 삶을 실천해 오면서 드림마에스트로 즉, '누군가의 꿈이 현실이 되도록 돕는 삶'이라는 사명을 가지게 되었습니다. 물론 20년 넘게 마치 첫사랑 애인을 다루듯 정성을 다해 수없이 다듬고 다듬어서 정의한 제 '사명 브랜드'와 '사명 정의'입니다. 그 과정에서 어렸을 때 어렴풋하게 느꼈던 꿈을 강요하고 가르치고 호통치는 어른조차 자기 꿈이 없다는 사실을 확신하게 되었습니다. 저를 포함해서 말이지요.

'아이는 어른이 만들고 미래는 아이가 만든다.'고 생각합니다. 즉, 모든 잘못은 어른에게서 비롯됩니다. 아이들이 꿈이 없는 것은 꿈이 없는 어른 때문입니다. 저는 나이가 들수록 꿈이 필요하다고 생각합니다. 젊을 때는 젊다는 사실 자체만으로 즐겁고 활기찰 수 있습니다. 하지만 나이가 들면 내삶의 가치와 의미를 생각하게 되고 그것이 채워지지 않을 때는 허무하고 우울해지는 것이 인간의 본성입니다.

자기 자신의 가치 있고 의미 있는 삶을 위해서도 그런 나의 뒷모습을 보고 영감받고 자극받는 나의 소중한 자녀, 제자, 후배들의 아름다운 인생을 위해서도 내꿈을 먼저 가지고 그 꿈에 몰입해 봤던 실천적 지혜와 경험으로 아이들에게 꿈을 이야기하는 어른이 많았으면 좋겠습니다.

이 글을 읽는 독자가 청소년, 청년이라면 꿈이 없는 과거의 어른들에 의해 키워진 지금의 어른들(나의 부모, 스승, 상사들)이 꿈이 없다는 것을 핑계로 내꿈 찾기를 포기하지 않았으면 합니다. 그 어른들이 뜻 없이 꿈을 묻고 성의 없이 반응하더라도 상처받지 않았으면 좋겠습니다. 그 사람의 질문과 반응은 내삶, 내꿈과는 전혀 무관하기 때문입니다.

젊은이들의 꿈이 없다면 어른들이 훔쳐 간 것입니다. 뜻 없는 질문과 생각 없는 반응으로 아이들에게 꿈을 사소하게 만들고 관심과 칭찬을 얻기 위한 도구로 만든 어른들이 젊은이들에게서 꿈을 빼앗아 간 것입니다.

그런 어른을 험담하고 뒷담화해도 괜찮습니다. 사람이 사람을 만나서 사람 이야기하지 짐승 이야기하지 않잖아요? 그것을 핑계로 자기 삶과 꿈을 포기하지만 않는다면 적당한 험담과 뒷담화는 정신 건강에 좋은 일입니다.

가장 중요한 사실은 내꿈에 대해 누가 어떤 질문을 하고 어떤 반응을 하고 어떤 표정을 짓더라고 그것은 그 사람의 생각이고 판단일 뿐이라는 것입니다. 그 사람이 내 부모, 내 스승과 상사라도 마찬가지입니다. 내삶과 내꿈을 대신해 줄 수 있는 사람은 아무도 없기 때문입니다. 내꿈을 선택해야 하는 사람도 나이고, 내가 선택한 내꿈을 위해 피땀과 눈물을 감수해야 할 사람도 바로 나이기 때문입니다.

내가 주인공이어야 할 내꿈을 남의 편견과 판단과 반응에 맡겨놓지 않았으면 좋겠습니다. 행복한 성공을 위한 천릿길의 첫걸음이 바로 '내가 내삶과 내꿈의 주인공이 되는 것'입니다. 내가 선택한 '펄떡이는 내꿈은 내 영혼의 심장'이 되어줄 것입니다.

제2장

빈둥빈둥;

갈 길을 잊고 빈둥거리다

1
내 인생의
삑사리

'내 인생의 당구시대'

'열 손가락 깨물어 안 아픈 손가락 없다' 하듯 자신의 인생을 생각하면 어느 순간 하나 아깝지 않은 순간이 없는 것 같습니다. 잘 했어도 아쉬움이 남고 못 했으면 후회가 남기 마련이니까요. '내 인생의 당구시대'는 그런 후회와 반성으로 평생 남아 있을 시대입니다. 물론 그렇다고 아파하기만 하는 것은 아닙니다. 그 후회와 반성이 이후 삶에 끊임없는 영감과 자극을 주고 있기 때문입니다.

중요한 것은 언젠가 잘못 살고 있는 자신을 알아차리는가, 그리고 그 알아차림을 통해 미래를 잘 살 수 있는 지혜와 열정을 우려내는가 못 내는가라 생각합니다. 그러기 위해서는 과거를 후회로만 끝내서는 안 되고 늘 자신을 돌아보고 개선하는 재료와 계기로 활용하는 노력이 필요합니다.

암튼, 어찌어찌하다 보니 서울에 있는 대학으로 진학하게 되었습니다. 땅끝마을 우수영에서 광주 찍고 서울까지 입성했더니 맥이 탁 풀리더군요.

시골 중학교에서 광주에 있는 고등학교에 가야 한다는 과제가 떨어지자 그나마 어른들의 질문에 대답하려고 즉흥적으로 읊어대던 꿈이 조금씩 잊혀지는가 싶더니 고등학교에 가자 대학입학이라는 과제가 모든 생각과 시간을 지배하기 시작했습니다. 지금은 '대학 입학'이 수많은 꿈 중에 하나일 뿐이라는 사실을 알지만 그때는 그 꿈이 전부인 줄 알았습니다.

광주에서 서울에 있는 대학에 입학하고 나자 그나마 남아 있던 '좋은 대학 입학'이라는 목표도 사라지고 말았습니다. 원래 꿈꾸던 대학이 아니어서 합격 후 더 좋은 대학을 가기 위해 재수를 하겠다고 했다가 큰 형에게 엄청 혼나고 재수는 포기했습니다. 그렇게 꿈이 없는 상태가 되니 자연스럽게 방향 없는 방황이 시작되더군요.

시골 학교에서 처음 도시 학교로 갈 때는 그래도 설렘과 긴장감이 넘쳤습니다. 하긴 논밭 매던 시골 아이가 처음 대도시로 나가는 것이니 설레기도 하고 긴장되기도 했던 것입니다. 하지만, 광주에 있는 고등학교에서 서울에 있는 대학교에 갈 때는 설렘과 긴장감보다 '이제 끝났다!'거나 '이제 놀아보자!'라는 해방감이 더 컸습니다.

고3 내내 기숙사에서 사감 선생님이 휘두르는 야구 방망이에 발바닥을 맞아가며 새벽 5시에 일어났습니다. 졸리는 눈을 비비며 운동장에서 구보를 한 후, 아무도 없는 교실에 들어가 툴툴거리며 입시에 매달렸습니다. 그러니 대학입학 후에는 '노는 것은 당연한 내 권리야!'라는 생각이 들더군요.

게다가 남자 대학생들에게는 '군대'라는 피할 수 없는 '격리시간'이 기다리고 있습니다. '열심히 공부해봤자 군대 가면 다 잊을 건데 뭘!', '군대 다녀와서 열심히 하면 돼!'라는 사회가 부여해 준 변명거리에 '대학 오려고 죽어라 했잖아. 이제 좀 놀아도 돼!'라는 자기 합리화까지 엎치고 겹치니 남자 인생에서 죄책감 없이 마음 놓고 놀기에 가장 좋은 때가 대학 1~2학년 때입니다.

그래서 당구에 빠져들었습니다. 대낮부터 매일 술을 마실 수도 없고 매일 소개팅을 할 수도 없지만 당구는 매일 할 수 있고 대낮부터 시작해서 밤을 샐 수도 있는 놀이였기 때문입니다. 그 당시에는 저렴한 비용으로 시간 죽이기에 그만한 놀이가 없었습니다. 놀이 생활의 주연은 당구. 나머지 술, 미팅, 영화, 여행 등은 당구시대 사이사이 반짝 출연하는 조연이었습니다.

당구에 빠져 살던 그때는 인생에서 가장 자유롭고 여유롭고 재미있는 시기라고 생각했는데 지금 돌이켜보는 당구시대는 제 인생에서 가장 대책 없고 한심하고 후회되는 그래서 가장 아픈 시대입니다. 인간의 인생에서 가장 아름다울 수 있는 20대 초반의 찬란한 청춘 시대를 당구장의 담배 연기와 짜장면 속에서 허비해 버렸으니까요.

그때 어울렸던 같은 과 친구들과는 소식도 교류도 거의 끊겼습니다. 철원에서 군 생활을 할 때 보초를 서는 시간은 '생각시간'이었습니다. 아주 간혹 까탈스러운 선임이 보초를 서는 동안 괴롭히는 경우도 있었지만 대부분은 민통선 안쪽 철원 평야의 정막 속에서 지난 시간을 끊임없이 되새기곤 했습니다.

'놀기 좋아하는 친구의 유혹을 뿌리칠 자신이 없다면 늘 놀자고 유혹하는 그 친구와 결별하자!'라고 수없이 다짐했습니다. 가슴 아프도록 일찍 돌아가신 구본형 선생님이 『익숙한 것과 결별』하라고 쓰신 책 내용처럼 말입니다.

'도서관에 있는데 책을 빼앗아 당구장으로 가는 친구와 당구장에 있는 나를 끌고 도서관으로 데려가는 친구가 있다면 전자와는 결별하고 후자와는 친구가 되자!', '나는 부모님이 논밭에서 피땀 흘려 번 쌈짓돈으로 유학 온 농군의 아들이다. 아무리 친했더라도 흔들리는 나를 더 흔드는 친구라면 결별하자!' 수없이 다짐하고 다짐했습니다.

그리고 제대하고 그대로 결행했습니다. 도서관에 있는데 책을 빼앗아 당구장으로 가면 1, 2학년 때는 못 이기는 척 따라갔지만 복학 후에는 책과 함께 그 친구도 보내주겠다고 생각했습니다. 그것이 내삶에 대한 나의 도리고, 늦둥이 막내아들을 서울로 유학 보내느라 칠순 나이에도 논밭에서 비지땀을 흘리고 계신 노친네들에 대한 도리라고 생각했습니다.

　　그 친구는 그런 제 마음을 알았는지 모르겠습니다. 복학 후 돌변한 저 때문에 그 친구는 의아했을 것이고 제 마음도 아팠습니다. 지금도 그 생각을 하면 마음이 아픕니다. 제 인생의 가장 찬란한 때 껌딱지처럼 붙어 다니던 친구를 저버린 미안함과 그런 상황이 되도록 빈둥거렸던 저 자신에 대한 후회 때문입니다. 하지만 후회스러운 과거와 결별하고 찬란한 미래를 밝히기 위해 감내해야 할 아픔이라고 생각합니다. 그리고 그리되었습니다.

　　당구 용어 중에 '삑사리'라는 용어가 있습니다. 당구공의 특정 위치를 겨누고 쳤는데 조준이 잘 못 되었거나 손이 흔들려 빗맞는 것을 의미합니다. 당구공이 빗맞으면 애먼 곳으로 굴러가거나 조금 구르다 말거나 멈칫하고 마는 경우도 있습니다. 쉬운 공인데 삑사리를 내면 엄청 아쉽습니다. 경기 상대는 박장대소하며 엄청 좋아합니다. 승리했을 때의 기쁨보다 상대방이 삑사리를 했을 때의 고

소함이 더 클 때도 있습니다. '사촌이 논을 사면 배가 아프다.'는 인간의 심리란 게 그런가 봅니다.

암튼, 돌이켜보면 당구시대는 제 인생의 삑사리였습니다. 그때는 매일 재미를 조준해서 당구를 쳤는데 돌이켜보면 치고 있는 그 순간만 재미있었습니다. 하루 종일 당구를 치고 돌아오는 발걸음은 그다지 재미있지도 행복하지도 않았습니다. 늘 허전하고 허무했습니다.

나중에 제가 좀 성장한 다음에야 알게 된 사실인데 '의미' 없이 '재미'만을 조준해서는 계속 재미있을 수 없습니다. 인간은 그렇게 만들어진 동물입니다. 인간이 멸종하지 않고 살아남은 것, 인간의 문명이 이처럼 눈부시게 발전해온 것이 그 증거입니다. 내가 뭔가 의미 있는 일을 하고 있다는 느낌, 내가 성장하고 발전하고 있다는 느낌, 그리고 그것에 대한 주변의 인정과 칭찬을 먹고 사는 동물이 인간입니다.

끊임없이 재미만을 추구하다 보면 갈수록 더 자극적이고 강렬한 재미가 아니면 재미를 느끼지 못하게 됩니다. 먹고 노는 것뿐만 아니라 일과 학습에서도 재미가 우선이 됩니다. 어떨 때는 내가 재미를 즐기는 것이 아니라 마치 재미가 내 기분을 통제하는 것 같다는 생각이 들 때도 있었습니다. 그래서 끝없는 재미 추구의 극단에 묻지마범죄, 게임중독, 마약중독 등이 있는 것 같습니다.

누가 내꿈을 훔쳐 갔을까?

반면 의미를 추구하면 한량없는 기쁨과 보람을 선물합니다. 내가 의미 있는 삶을 살고 있다는 것을 스스로 느끼는 자아실현감은 먹어도 먹어도 배가 부르지 않았습니다. 그렇게 살고 있는 나의 선한 영향력 덕분에 누군가가 발전하고 성장하고 있다고 느껴졌을 때 또 그런 사람들이 존중해 주고 인정해 주었을 때 느껴지는 자기효능감은 먹어도 먹어도 배가 부르지 않습니다.

어릴 때 자아실현감과 자기효능감의 가치를 느낄 수 있다면 '애어른'이라는 소리를 듣는 아이가 됩니다. 하지만, 어릴 때부터 '애어른'이 되지 않아도 좋습니다. 모든 일은 때가 있는 법이고 누구나 흔들리며 성장하는 것이니까요. 어릴 때는 갈팡질팡할 때도 있고 빈둥빈둥할 때도 있기 마련입니다.

하지만 마냥 그렇게 재미만 쫓으면서 나이가 들어가고 죽어가면 안 되겠지요. 그래서 아일랜드의 유명한 극작가이자 소설가, 비평가인 조지 버나드 쇼 같은 인물도 '내 우물쭈물하다 이렇게 될 줄 알았다_{I knew if I stayed around long enough, something like this would happen}' 라는 묘비명을 남겼을 것입니다.

저는 '호랑이는 죽어서 가죽을 남기고 사람은 죽어서 이름을 남긴다'라는 말에는 그다지 의미를 부여하지 않습니다. 내가 죽은 다음 땅속에 묻혀있을 때 세상에 이름이 남았는지, 세상 사람들이 나를 칭찬하고 있는지 알 수 없기 때문입니다. 그렇다 한들 죽은 나에게 그다지 의미나 가치가 있을 것 같지도 않고요.

제가 끝없이 재미를 추구하며 살아보기도 하고 끝없이 의미를 추구하면서 살아보기도 했는데 전자보다는 후자가 훨씬 재미있었기 때문입니다. '재미'라는 같은 단어를 쓰고 있지만 재미를 추구하는 삶에서 느끼는 '재미'와 의미를 추구하는 삶에서 느끼는 '재미'는 전혀 다른 차원의 느낌이었습니다.

뭔가 잘못 살고 있다는 막연한 아쉬움과 두려움 속에 느끼는 재미와 내가 제대로 살고 있고 주변의 존중과 인정에서도 그 증거가 발견되는 삶 속에 느끼는 재미는 전혀 다른 차원의 만족감이었습니다. 그래서 죽은 다음에 이름을 남기기 위해 삶의 꿈과 목적을 가지고 열심히 사는 것이 아니라 내삶의 꿈과 목적을 위해 열심히 사는 나에 대한 자아존중감과 자기효능감을 느끼기 위해서 그리 사는 것입니다. 그런 측면에서 당구시대는 내 인생의 빽사리였습니다.

2

빗나간 화살

군대에서 보초를 서면서 반복했던 후회와 반성이 복학 후 유혹에서 나를 보호해주는 방어막이 되어 주었습니다. 갈팡질팡, 빈둥빈둥했던 상실의 시대도 그걸 스스로 깨닫고 반성하고 나니 성장과 발전을 위한 투자의 시대로 바뀌더군요. 누구에게나 방황의 시대는 있기 마련이니 그런 자신을 너무 늦지 않은 나이에 깨닫고 새로운 삶을 위한 자극제로 활용하느냐 못하느냐가 중요한 것 같습니다. 평생 방황만 하다 가는 사람도 많으니까요.

3, 4학년 때 처음으로 장학금을 받아 부모님께 가졌던 죄송한 마음을 조금 덜어내기도 했습니다. 서울로 유학 온 농군 아들로서는 한심할 정도로 늦었지만 3학년이 되어서야 학비와 용돈에 보태려고 여름 방학 때 뜨거운 열기로 숨이 막히는 딸기젤리 생산공장에

서 아르바이트도 했습니다. 1, 2학년 때의 형편 없었던 학점을 3, 4학년 때 4점대를 넘나들며 어느 정도 회복시켰습니다.

아울러, 1, 2학년 때 허송한 세월을 보완할 겸 나만의 무기 하나는 만들어야겠다는 생각으로 4학년 1학기 때 일본으로 어학연수를 떠났습니다. 대졸 공채 면접관을 해보면 요즘은 어학연수가 일반화되어 있습니다만 당시에는 경영학과 동기 220명 중 단 4명이 다녀올 정도로 매우 드물었습니다.

6남매 중 막둥이라 부모님의 연세가 이미 70대 언저리 셨습니다. 그래서, 입학 조건인 3달 학비만 납부 후 1달 생활비 10만 엔을 들고 일본으로 건너갔습니다. 나머지 학비와 생활비는 내가 벌겠다는 당찬 결심을 하고 말이지요. 일본어는 학원에서 딱 2개월 공부했습니다. 간단한 인사말과 히라가나 정도만 외운 상태. 지금 생각해보면 정말 무모했습니다.

'누구에게도 의지하지 않고 혼자 이겨내겠다!'라는 결심을 하고 떠났지만 일본에 도착하자마자 내가 얼마나 무모한지 곧바로 알게 되었습니다.

첫째는, 예산문제였습니다. 한국인이 운영하는 단기 숙소에 짐을 풀었는데 하루 숙박비가 그 당시 돈으로 무려 3,000엔이었습니다. 그곳에 1달만 머물면 가지고 갔던 돈이 동날 상황이었습니다.

그래서 짐을 풀자마자 시부야와 신주쿠 뒷골목을 누비며 아르바이트를 찾아 나섰습니다.

게다가 일본에 가서야 안 사실이지만 일본의 부동산은 전세가 아니라 월세였습니다. 그뿐만 아니라 월세방을 구하기 위해서는 들어갈 때 5~6개월분의 월세가 필요했습니다. 보통 2개월 분의 보증금에 1~2개월 분의 월세 선급 그리고 2개월 분의 중개수수료가 발생했습니다. 가장 저렴한 방을 구해도 주머니에 있는 10만 엔이 바로 없어지는 상황이었습니다.

그래서 짐을 풀자마자 신주쿠, 시부야 뒷골목을 배회하며 마치 추운 겨울밤에 "찹쌀떠억~"을 외치는 사람의 심정으로 "아르바이토가 호시이데쓰(아르바이트하고 싶습니다)!"를 외치고 다녔습니다. 하지만 그다음 말이 들려오지 않더군요. 아르바이트를 원한다면서 주인이 던진 일본말이 무슨 말인지 몰라 멀뚱멀뚱, 허둥지둥하는 제게 누구도 아르바이트 자리를 주지 않았습니다.

예산문제에 언어문제까지 엎치고 덮치자 제가 얼마나 무모했는지 알게 되었습니다. 말도 통하지 않은 생면부지의 남의 나라에 공부하러 가겠다는 놈이 어쩌면 이렇게 준비 없이 올 수 있었을까 하는 자책감, 두려움이 밀려왔습니다. 잘못하면 한 달도 못 버티고 귀국해야 할지도 모른다는 두려움이 엄습해 왔습니다. 준비하지 않는 자에 대한 세상의 심판 같았습니다.

그래서 '누구에게도 의지하지 않고 혼자 이겨내겠다'라는 무모한 결심을 바로 포기해야 했습니다. 요코하마에 살고 있는 제 큰형의 친구 동생에게 전화했습니다. 그리고 그분 덕분에 요코하마에 있는 야끼니꾸(불고기) 집에 하루 9시간의 아르바이트 자리를 얻어 일본 유학 생활을 스스로의 힘으로 마칠 수 있었습니다.

시작은 생존이 목적이었습니다. 생존을 위해 일본어 학교 같은 반 친구들 중에서 가장 먼저 아르바이트를 시작해야 했습니다. 다른 친구들은 보통 1~2달이 지나서야 아르바이트를 시작했는데 저는 일본에 건너간 지 1주일 만에 아르바이트를 시작했으니까요.

어학연수의 목적은 '현지 언어공부' 및 '현지 문화이해'입니다. 저는 생존하기 위해 진짜 일본으로 가장 먼저 들어갔습니다. 다른 친구들이 일본에 적응하고 유학 생활에서 만난 한국 친구들과 아직 낯선 일본을 구경하고 다닐 때 저는 일본 속으로 훅 들어갔습니다. 덕분에 일본어 실력이 빠르게 늘어갔고 10개월 만에 일본 문부성의 일본어능력시험 1급을 따서 돌아올 수 있었습니다.

대학 3~4학년 때의 삶에 대한 태도 변화는 대책 없이 살았던 대학 1~2학년 생활에 대한 '자기성찰'과 '자기반성'의 힘 덕분이라 생각합니다. 인간은 환경과 자극의 동물이라 합니다. 맹자가 맹모의 삼천지교三遷之敎, 세 번의 이사를 통한 가르침 덕분에 무덤가, 시장통, 서당 옆에

누가 내꿈을 훔쳐 갔을까?

서 큰 변화를 겪었던 것처럼 말이지요.

하지만 제 생각에는 그것보다 더 중요한 사실이 있습니다. 그런 환경과 자극을 느끼는 것, 그런 환경과 자극을 바람직한 방향으로 받아들이는 것은 바로 자기 자신이라는 사실입니다. 악한 환경에서도 선한 사람이 나오는가 하면, 악한 환경을 핑계로 더 악한 자가 되는 사람도 많습니다. 예민한 감성으로 일상의 소소한 사건에서도 지혜와 자극을 얻는 사람이 있는가 하면, 타인과 세상에 무관심한 심성 때문에 큰 경험에서도 배움을 얻지 못하는 사람도 많습니다.

저는 어떤 계기에선가 자신을 돌아보는 습관을 갖게 되었고 그 순간부터 흔들리고 방황했던 과거도 내 미래를 위한 자원이 될 수 있다는 것을 알게 되었습니다. 그리고 그 덕분에 3~4학년 때 삶의 태도에 극적인 변화가 찾아왔고 고학점, 일본유학, 취업준비 등이 자연스럽게 이어져 아시아나항공에 입사할 수 있었습니다. 돌이켜 보면 대학 3학년 때가 제 삶의 1차 변곡점이었던 것 같습니다.

스티브 잡스의 '점 - 선 - 면'에 대한 이야기를 저는 이렇게 해석합니다. '무심코 경험했던 과거의 경험들이 내꿈과 목표를 가지게 되자 선으로 연결되고 그 선들이 모여 면(성과, 혁신, 성공)이 되더라!' 그때는 이처럼 표현할 수 있을 정도로 지혜로운 젊은이는 아니었지만 막연하게나마 내삶의 점들을 올바르게 찍고 이어가야 한다는 생각이 시작된 시기였던 것 같습니다. 그 태도가 보이고 성과가 있어서 대기업에 무난하게 입사하지 않았나 싶습니다.

앞에서 이야기했던 것처럼 첫 배치를 받은 조종사 자격심사 부서는 마음에 들지 않았지만 회사에 입사하니 자유시대가 열렸습니다. 연로한 부모님이 보내주시던 용돈은 늘 부족했고 셋집살이하던 큰형 집 작은 방은 조카 두 명과 누우면 빈틈이 없었습니다. 큰형 부부가 잘해 주셔도 더부살이는 더부살이였습니다.

아시아나 입사 후 김포공항 입구에 허름한 한옥집 문간방을 얻었습니다. 그 방에 처음 들어서는 순간 나도 모르게 "만세!"를 외쳤던 기억이 새록새록 합니다. 그런 자신을 보고 저도 깜짝 놀랐으니까요. 대학 4년간 결혼한 누나, 형 집에서의 더부살이가 힘들긴 힘들었나 봅니다. 아무리 형제여도 부모와는 다르니까요.

그래서였을까요? 아시아나항공에 입사했을 때는 서울로 대학을 왔을 때의 설렘과는 다른 차원의 자유감이 몰려왔습니다. 다행히 대학 1~2학년 때와 같은 대책 없는 삶은 다시 반복하지 않겠다는 생각은 가지고 있었습니다. 그래서 '자유를 만끽하되 열심히 살자!'라고 생각했습니다.

피아노 학원도 다니고 볼링 학원도 다녔습니다. 레크리에이션 강사 과정도 다니고 수영장도 다녔습니다. 테니스도 배우고 패러글라이딩 동아리 창립 멤버로도 참여했습니다. 영어학원도 다니고 일본어 학원도 다녔습니다. 특히 볼링은 직장인 볼링대회에 2차례나 참가할 정도로 서울 강서구에 있는 KBS 88 볼링장 죽돌이였습니다. 열심히 살았습니다. 삶에 빈틈이 없을 정도로 열심히 늘 뭔가를 했던 것 같습니다. 무려 6년 동안이나.

저는 좀 철이 늦게 드는 인간인가 봅니다. '열심히 살자' 자체가 목표였던 그 당시에는 내가 뭘 놓치고 있는지 모르고 그저 열심히 살았습니다. 열심히만 살면 되는 것으로 착각했던 것입니다. 취미생활로 몇 년을 '열심히' 살다 보니 어딘지 석연치 않은 느낌이 스멀스멀 올라오고 있었는데 그 당시에는 그것을 예민하게 느끼지 못했습니다. '열심히 살고 있잖아!'라는 자기만족, 자아도취에 빠져있었기 때문입니다. 오만한 자의 오만한 순간에는 깨달음이 파고들 틈이 없습니다. 하지만 그때는 그것을 몰랐습니다. 안타깝지만 주변에서도 그런 사람을 많이 봅니다.

오랜 시간이 지나고 나서야 '그저 열심히 사는 것'의 문제점을 인식하게 되었습니다. 많은 책과 현명한 멘토들의 말씀을 통해서도 같은 이야기를 많이 들었습니다. '대부분의 사람은 열심히 산다. 그런데 그중 많은 사람이 열심히 애먼 길을 가고 있다.'라는 것입니다.

당구에 빠져 살던 대학 1~2학년 때보다는 그래도 무언가 배우고 열심히 산 신입사원 1~2년 차 때가 낫기는 합니다. 하지만 내삶의 과녁이 어디인지 모르고 내 시간과 자원을 마구 쏘아댔다는 측면에서는 아깝고 아쉬운 시절이긴 마찬가지입니다.

전쟁터에서 총알보다 기아와 질병으로 죽는 사람이 훨씬 더 많다고 합니다. 질주와 난사로는 과녁을 맞힐 수 없기 때문입니다. 신입사원 1~2년 차 때가 딱 그런 때였습니다. 이리저리 질주하고, 이것저것을 위해 제시간과 비용을 마구 난사했지만 대부분 빗나간 화살이 되었습니다. 너무 많은 화살을 날리고 잃어버린 이후에야 그것을 깨닫게 되었습니다.

3

방향 없이 흔들리면
허무해진다

"여기서 어느 길로 가야 하는지 가르쳐줄래?"

"그건 네가 어디로 가고 싶은지에 달렸지."

"어디로 가고 싶은지 아직 생각해보지 않았는데….."

"그럼 어느 길로 가든 상관없지 뭐."

루이스 캐럴의 『이상한 나라의 앨리스』에서 주인공 앨리스와 고양이가 주고받는 대화 중 한 대목입니다.

지금에 와서 돌이켜 보면 저의 10대와 20대가 딱 그랬습니다. 그리고 제 많은 친구들의 10대와 20대도 마찬가지였습니다. 삶에 대한 애정과 관심이 없는 몇몇 친구들을 제외하고 대부분의 친구들이 비슷한 고민을 했던 것 같고, 지금의 10~20대도 마찬가지 고민에 쌓여있는 것 같습니다.

뭔가 되고 싶고 뭔가 하고 싶은데 그 뭔가를 찾기가 어렵습니다.

관심과 사랑이라는 무서운 무기로 부모님, 선생님, 친척 어른, 마을 어른들이 내 생각과 행동을 지배했던 어린 시절에는 어른들의 반응과 표정에 내가 되고 싶고, 하고 싶은 뭔가를 맞춰야 했기 때문에 내가 내꿈을 고민하고 선택해볼 틈이 없었습니다.

청소년기가 되어서도 어른들이 기대하고 요구하는 '좋은 학교 학생이 되어야 한다'는 과제가 내가 내꿈을 찾아보고 고민해볼 틈을 허락하지 않았습니다.

대학생이 되어서는 좋은 회사에 들어가야 한다는 기대와 요구가, 회사에 들어갔더니 승진하고 생존해야 한다는 기대와 요구가, 내가 내꿈을 찾아보고 고민해볼 틈을 허락하지 않았습니다.

어른들과 사회의 기대와 요구가 하도 채찍질을 해대서 곁눈질 한번 제대로 하지 못하고 살다 보니 나와 세상을 비교해서 나에게 맞는 꿈을 찾아보는 연습도, 생각도 해 볼 틈이 없었습니다. 한편으로는 너무 어른들과 사회에 책임 전가하고 있는 것이 아닌가, '내삶 내꿈'인데 아무리 외부의 압력과 기대와 요구가 강해도 내가 꿋꿋하게 내삶, 내꿈을 찾았어야 되는 거 아닌가 생각할 때도 있지만 그건 나이가 들어 어느 정도 내삶에 대한 주도권이 생기고 나서의 일입니다.

자랄 때는 주변의 소신 있는 어른들과 좋은 책들이 '네 삶과 네 꿈에 대한 주도권을 네가 가지고 있어야 한다!'고 끊임없이 가르쳐 주어도 그럴 용기가 없었습니다. 내 주변의 많은 친구들도 마찬가지였고, 지금의 많은 학생들도 마찬가지일 것입니다.

어른이라 하면 바람직한 뒷모습을 보여주어야 할 책임, 바람직한 환경과 자극을 만들어주어야 할 책임이 있지만 그런 교육과 환경에서 자라지 못한 아이가 어른이 되었기 때문에 쉽지 않은 일입니다. 자라는 아이들과 학생들은 그것을 조금만 이해해 주었으면 좋겠습니다.

어른들은 내가 그렇게 자라왔다는 사실을 깨닫고 말이 아니라 행동으로 보여주는 어른이 되었으면 좋겠습니다. 생각과 의지력이 아직 다듬어지지 않은 아이들과 학생들에게는 바람직한 환경과 자극을 먼저 만들어준 다음 '꿈이란 이런 것이다.', '너만의 꿈을 스스로 찾고 몰입해야 한다!'라는 이야기를 했으면 좋겠습니다.

당구에 빠져있던 시대나 취미에 빠져있던 때도 방향이 없었던 것이 문제였던 것입니다. 세상과 우주의 넓이, 깊이, 수명과 비교했을 때 나 한 사람의 넓이, 깊이, 수명은 티끌보다 좁고 얕고 짧습니다. 많은 경험을 해봐야 한다는 것은 부정할 수 없는 진실이지만 그 많은 경험도 그것을 하기 전에 이유를 먼저 알고 해야 합니다.

한 사람에게는 온 세상과 우주의 경험을 다 해볼 수 있는 시간과 자원이 없기 때문입니다. 돋보기의 초점처럼 과녁에 집중해서 경험을 쌓아갈 때 극단적인 창의성과 에너지가 만들어지기 때문입니다.

한정된 시간과 자원을 가지고 최고의 성과와 깨달음을 얻고 싶은 것은 누구나 원하는 일입니다. 꿈과 목표를 설정하고 내 시간과 자원을 그 꿈과 목표에 집중시키는 것이 최고의 효율과 생산성을 보장하는 유일무이한 길입니다. 한마디로 '삽질 인생을 살고 싶지 않다면 먼저 내꿈과 목표를 설정하라!'라고 이야기하고 싶습니다.

지금은 이렇게 정의되고 정리되는 생각들이지만 그때 그 시절에는 저도 앨리스와 다를 바가 없었습니다. 어디론가 가야 할 것 같은데 어디로 가야 할지 몰랐습니다. 당구시대 때도 취미시대 때도 재미는 있었습니다. 특히 취미시대 때에는 재미뿐만 아니라 '내가 열심히 살고 있다!'는 자기만족감도 있었습니다.

그런데 이상한 것은 늘 마음 한구석이 비어 있는 느낌을 지울 수 없었습니다. 지혜와 경험이 부족했기 때문에 구체적으로 진단하고 대안을 제시할 수는 없었지만 뭔가 2% 부족하다는 느낌. 뭔가 잘못 살고 있는 것 같고 뭔가 허무하다는 느낌. 그것이 지금 회상되는 20

누가 내꿈을 훔쳐 갔을까?

대의 제 자화상이었습니다. 그리고 많은 친구들도 그랬던 것 같습니다. 안타깝지만 지금의 많은 20대도 그런 것 같습니다. 무엇을 어떻게 해야 이 악순환의 고리를 끊어낼 수 있을까요?

4
하지만 흔들리는 그 시절에
내꿈이 숨어 있었다

한자어에 '낭중지추囊中之錐'라는 말이 있습니다. 주머니 속에 있는 송곳이라는 뜻으로, 재능이 뛰어난 사람은 아무리 숨어 있어도 저절로 알려진다는 의미입니다. 이 한자어를 이렇게 해석할 수도 있지 않을까요? '내 재능과 관심을 아무리 숨기려 해도 오랜 세월 속 내 생각과 말과 행동에 의해 저절로 드러난다.'

방황하고 흔들리는 시절에 내 시간과 자원을 과녁 없이 쏘아대고 뿌려댔지만 그래도 은연중에 내가 잘 하는 것, 내가 원하는 것에 많이 쏘아대고 많이 뿌려대지 않았을까요? 아직 세상에 대해 두려움이 없고 이기심이 강한 어릴 때일수록 내가 잘 하는 것과 원하는 것을 위해 끊임없이 시도하기 마련이니까요.

비록 어른들과 사회의 기준과 강요에 의해 제지당하는 경우도 있었을 테고, 그게 싫고 두려워서 스스로 포기하는 경우도 있었을 테지만 그래도 10대, 20대의 그 기나긴 시간 동안 내 희망과 관심에 이끌려 나도 모르게 기웃기웃했던 일들이 분명 있을 것입니다.

지혜롭고 용기 있는 부모님 덕분에 사회의 기준과 강요에 아랑곳하지 않고 다양한 경험을 했던 사람도 있습니다. 혹은 어린 나이에도 불구하고 어른들과 사회의 기준과 강요에 아랑곳하지 않고 스스로 다양하게 경험하고 도전했던 사람도 있습니다. 면접관을 할 때 확연히 도드라지는 젊은이가 후자와 같은 젊은이입니다. 그야말로 낭중지추를 느끼게 해주는 젊은이입니다.

그런데 그런 부모, 그런 젊은이가 많지 않습니다. 왜냐하면 어렸을 때부터 그와 같은 경험과 도전과 생각의 자유를 용납하지 않은 가정, 학교, 사회 환경에서 자란 아이가 자라 부모가 되었고 그 부모들은 그들의 자녀들에게 또다시 경험과 도전과 생각의 자유를 용납하지 않는 가정, 학교, 사회 환경을 만들고 있기 때문입니다.

그렇다면 저와 독자들은 어떻게 해야 할까요?

첫째, 이처럼 우리를 에워싸고 있는 환경을 직시해야 합니다. 가정과 학교와 사회가 아이들에게 경험과 도전과 생각의 자유를 허락하지 않고 억압하고 통제하고 있다는 사실을 직시해야 합니다. 문제를 알아야 정답을 찾을 수 있으니까요.

둘째, 내가 부족한 원인을 '내밖'이 아니라 '내안'에서 찾아야 합니다. 밖에서 찾으면 핑계가 될 확률이 높고 안에서 찾으면 정답이 될 확률이 높기 때문입니다.

원인을 '내밖'에서 찾으면 '어른들도 그러니까', '선생님들도 그러니까', '상사들도 그러니까'라며 내 생각과 의지력에 핑곗거리로 삼을 확률이 높습니다. 자꾸 누군가를 내삶, 내꿈에 게을러도 되는 핑곗거리로 삼고 있다면 내 성공과 행복으로부터 자꾸 멀어져가고 있는 것입니다.

원인을 '내안'에서 찾으면 자신에게 자꾸 이런 질문을 하게 됩니다. '김상경! 네가 진짜 잘하는 게 뭔데?', '네가 진짜 하고 싶은 일이 뭔데?', '왜 남의 생각과 말과 행동 때문에 흔들리는데?' 그러다 보면 남들이 어떻게 생각하고 어떻게 살아가든 나는 내삶과 내꿈에 집중하게 됩니다. 원인과 대책을 '내안'에서 찾는 것은 내 성공과 행복으로 다가가는 지름길입니다.

특히 '내안'에서 원인을 찾는 습관이 반드시 필요한 이유는 그 습관이 만들어지면 흔들리며 허송했던 내 과거 속 여기저기에서 빼꼼히 얼굴을 내밀고 있는 내꿈의 단서들이 보이기 때문입니다. 주머니 속 송곳은 아무리 숨어 있으려고 해도 움직임이 있을 때마다 이

누가 내꿈을 훔쳐 갔을까?

리 빠끔, 저리 빠끔 자기를 들어낼 수밖에 없는 것처럼 말이죠.

'두더지 게임' 아시죠? 요즘은 보기 힘들지만 고속도로 휴게소에서 종종 마주칠 때마다 추억을 곱씹게 해주는 게임입니다. 얼굴을 내미는 두더지를 망치로 아무리 때려도 이리 빠끔, 저리 빠끔 계속 얼굴을 내미는 것처럼 어른들과 사회의 기준과 강요 때문에 숨겼거나 포기했던 내 재능과 관심들이 내 과거의 삶 여기저기에서 빠끔히 얼굴을 내밀고 있을 것입니다. 내가 알아차려 주기만을 기다리면서 말이지요. 그것을 알아차리지 못하는 것은 오로지 내 책임입니다. 나 이외에는 그 누구도, 심지어 부모님조차도 내가 어떤 경험과 도전을 했을 때의 내 느낌과 내 생각을 나처럼 느낄 수는 없기 때문입니다. '지피지기면 백전백승'이라 했듯이 먼저 나를 알고 그다음에 내가 살아가야 할 세상을 알아야 백전백승은 못 하더라도 승리할 확률이 높아집니다. 가장 먼저 알아야 할 나 자신에 대해 내가 모른다면 그리고 그 단서가 내가 흘려보낸 세월 속에 분명히 숨어 있음에도 불구하고 그것을 알아차리지 못한다면 그로 인한 실패의 책임은 모두 나 자신에게 있는 것입니다.

제 부친은 일제 강점기 때 사범학교 졸업 후 해방 전후 초등학교 교사를 했습니다. 하지만 나라가 어려운 시대였기 때문에 돈이 아니라 쌀과 같은 현물로 월급을 주는 경우도 많았고 그나마도 아주

적었답니다. 일본 강점기 때 수협을 다니시던 아버지의 아버지는 양복을 입고 자전거를 타고 출퇴근을 하던 엘리트셨는데 30대에 간암으로 갑자기 돌아가셨다고 합니다. 막내 삼촌이 아버지의 어머니 배 속에 있을 때 말이죠.

할아버지가 갑자기 돌아가시자 가세가 급속히 기울어졌답니다. 그러자 아버지의 할아버지가 김씨 집안 장손이 된 아버지의 장가를 서두르셔서 17세에 장가를 가셨다고 합니다. 그래서 아버지는 젊은 나이에 나이 어린 동생 4명과 자식 6명을 거느린 대식구의 가장이 되셨다고 합니다.

쥐꼬리만 한, 그마저도 현물로 나오는 급여로는 동생들과 자식들의 포도청을 감당할 수 없어 학교 선생님을 그만두셨다고 하네요. 당신의 친구들이 교감이다 교장이다 존경받으며 곱게 늙어가고 계실 때 당신은 동생들과 자식들을 위해 완연한(?) 농군이 되셨고 돌아가실 때까지 자기가 없었던 자기 인생을 너무 슬퍼하셔서 가슴이 많이 아팠습니다.

초등학교와 중학교에 아버지의 사범학교 동문 선생님들이 많이 계셨습니다. 제가 제법 공부를 잘 했던 것은 그분들의 관심과 애정의 덕도 컸던 것 같습니다. 하지만 반면에 그분들 중 몇 분 때문에 저는 제가 가진 가르치는 일에 대한 저의 재능과 관심을 무시하고

누가 내 꿈을 훔쳐 갔을까?

잊어버렸습니다. 물론 그리된 데는 제 책임도 크지만 말이죠.

어른이 된 지금은 그때의 선생님들을 이해하지만 당시에는 이해할 수 없었습니다. 그때만 해도 '선생님은 하늘'이었는데 그 하늘님 몇 분의 지식과 언행이 제 기대에 한참 못 미쳤습니다. 더구나 아버지의 영향력과 공부를 좀 하는 아이라는 이유 때문에 다른 친구들보다 훨씬 가까이에서 하늘 같은 선생님들의 인간적인 모습을 너무많이 보았던 것이 화근이었던 것 같습니다.

그 당시 시골 학교에는 '논두렁 선생'이라는 말이 있었습니다. 농군반, 선생반으로 살아가는 선생님들을 두고 하는 말입니다. 그런분은 농사도 돌봐야 하기 때문에 면 밖의 멀리 있는 학교로는 전근을 가지 않으시고 가까운 면 내 학교로만 전근을 다니셨습니다. 그중에는 선생님으로서 가지고 있어야 할 사명감, 도덕성, 지식, 말과행동이 부족하다고 생각되는 분들이 종종 계셨습니다.

심지어는 인격적으로 문제가 심각한 선생님도 계셨습니다. 아버지의 선후배 중에도 계셨고 도시 학교에서 문제를 일으키고 땅끝마을 해남에서도 땅끝에 해당하는 우수영 중학교로 유배 오신 선생님도 계셨습니다. 1학년 때는 기술 선생님에게 국어를 배우고 2학년 때는 생물 선생님께 국어를 배웠습니다. 1학년 국어 담당 기술 선생님은 교과서를 들고 들어오신 적이 없습니다. 1년 내내 '완전정복'이라는 참고서를 들고 와 참고서에 나열된 분석과 해석, 문단 나누기를 그대로 읽으셨습니다.

"아빠는 중학교 때 기술 선생님께 국어를 배우고 생물 선생님께 국어를 배웠는데 서울로 대학을 왔으니 아빠 대단하지?"라고 했더니, 제 딸이 그러더군요.

"아빠! 한 번만 더 그 이야기하면 백번 째야!"

열악한 시골 학교에서, 선생님들을 너무 가까이서 관찰하게 되면서 제 꿈 항목에서 '선생님'이 사라져갔습니다. 심지어 아버지의 사범학교 동기 선생님께 너무 실망해서 "아버지, 난 죽어도 선생질은 안 할 거야!"라고 외친 적도 있습니다. 그러면서 학습하고 실천하고 가르치는데 재능과 관심이 많았던 제 꿈의 단서들도 숨어버렸습니다.

그런데, 어느 날 문득 아시아나항공에서 직원들을 가르치는 선생님이 되어있더군요. 후배들의 삶과 꿈에 긍정적인 영향력을 주었다고 느껴졌을 때 주체할 수 없는 보람, 행복, 기쁨, 쾌감에 빠져들곤 하는 저를 40세가 넘어서야 발견했습니다.

저를 스승으로 생각하는 후배들이 있어 40대 초반에, 중역도 아닌 사람이 조종사와 승무원의 결혼식 주례를 본 적도 있습니다. 퇴직 후 스승의 날 전화를 한 후배도 있었습니다. 그 행복감이 너무 강럴해서 '이 행복한 길을 내가 왜 이리 늦게 깨달았을까?', '내가 언제 내 재능과 관심을 내던져버린 것일까?'라는 생각이 들더군요.

흔들리고 방황하며 무시하고 잊어버리려고 했던 제 어린 날의 이 구석 저 구석에 내꿈의 단서들이 비로소 조금씩 보이기 시작했습니다. 시골 초등학교 6학년 수학여행 가는 날 버스에서 책을 읽으려고 가지고 나섰습니다. 그런데 버스에서 책을 읽고 있는 저를 별난 애 취급하는 친구들의 비아냥에 책을 닫고 그 이후로는 친구들이 보는 앞에서 절대 책을 열지 않았습니다.

초등학교 때 종종 방과 후에 남아 학습이 더딘 친구들을 가르치곤 했었는데, 누군가를 가르칠 때 나도 모르게 느끼던 즐거움이 나도 모르게 사라졌다는 사실을 아시아나항공 선생님이 되고 나서야 알아차렸습니다.

어쩌면, 흔들리고 방황하고 반항한다는 것이 내 가슴 속에 열망과 열정이 있기 때문이 아닌가 싶습니다. 그렇다면 그 시간 속에 분명 내 재능과 관심에 이끌려 시도하고 도전했던 이야기들이 분명 담겨 있을 것입니다.

중요한 것은 내 과거의 방황과 반항의 시간을 되새김하는 습관이 있는가, 그 안에 담긴 내꿈의 단서들을 찾아보려고 노력하는 태도와 자세를 가지고 있는가 입니다. 누구의 인생이든 굴곡이 있고 방황과 반항의 시절이 있기 마련이지만 그대로 끌려다니며 사느냐 그 과정 속에서 뭔가를 알아내고 우려내느냐가 행복한 성공으로 가느냐 마느냐의 갈림길인 것입니다.

제3장

뒤척뒤척;

뒤늦게 내꿈을 찾기 시작했다

뒤척뒤척 내꿈을
뒤지기 시작했다

"김 대리님! 지원하셨죠?"

1999년이 저물어가던 어느 날이었습니다. 조종사 비행 스케줄 팀에 근무하던 1년 후배 박 대리가 우리 팀에 들어서자마자 대뜸 제게 던진 질문입니다. 저와 마찬가지로 박 대리라도 호시탐탐 조종사 본부에서 벗어날 기회를 노리고 있었습니다.

"뜬금없이 무슨 소리야? 뭘 지원해?"
"아니, 이 절호의 찬스를 모르고 계시네!"

박 대리 이야기를 듣고 확인해보니 전 직원이 사용하는 업무용

시스템 초기화면에 '인터넷 마케팅전문가를 사내에서 공개 채용하니 희망자는 인사팀에 지원하라'라는 공지가 떠 있었습니다. 공지사항은 며칠씩 같은 내용인 경우가 많기 때문에 아무런 생각 없이 지나쳤었던 것입니다. 암튼 박 대리의 그때 그 질문 한 마디가 제 인생의 방향을 완전히 바꿔놓았습니다.

천만 다행스럽게도 박 대리가 그 질문을 해준 날이 사내이력서 마감 전날이었습니다. 그래서 그날 밤 집에 가자마자 사내이력서를 재빠르게 작성해서 마감날 인사팀에 제출했고 다행히 1등으로 뽑혀 조종사 본부를 탈출하게 되었습니다.

그리고 그 질문으로 제 인생을 바꿔준 박 대리는 2명을 선발하는데 3등으로 탈락했습니다. 그리고 그는 박 부장이 된 지금까지 평생 조종사 본부에 근무하고 있습니다. 만일 제게 그 정보를 알려주지 않았다면 본인이 2등으로 뽑혀 인터넷 마케팅팀으로 갔을 것이고 지금과는 전혀 다른 곳에서 전혀 다른 삶을 살고 전혀 다른 꿈을 꾸고 있을 것입니다.

"아~ 참! 괜히 이야기해 줘 가지고 제 인생만 꼬였잖아요!"

앞에서 이야기했던 것처럼 인터넷 마케팅팀에 간 초기에는 업무에 참고할 문서 한 장, 업무를 가르쳐주는 선배 한 명 없어 악전고투했지만 점차 정착해 가는 저를 보며 박 대리가 수년간 푸념하듯 원망하듯 했던 이야기입니다. 박 대리 아니 박 부장에게 참 미안한 일이기도 하지만 인생이란 게 참 미묘하다는 생각을 많이 했던 경험입니다. 암튼 그런 인연으로 박 부장과는 퇴직 후에도 거의 매달 단둘이 만나 식사를 하는 막역한 선후배가 되었습니다.

그렇게 간 인터넷 마케팅 분야에서 어느 정도 자리를 잡아갈 무렵 불현듯 이런 생각이 들었습니다.

'내 또래인 다음 이재웅 사장은 잘 나가는 인터넷 회사 사장인데 나는 달랑 한 회사의 인터넷 마케팅 담당자! 내 나이가 30대 중반인데 인터넷 마케팅전문가를 꿈꾸기에는 너무 늦은 나이 아닌가?'

아닌 게 아니라 주변을 둘러보니 그 당시 인터넷 분야에서는 제 나이가 노장 측에 속했습니다. 대부분 인터넷 기업에서 제 또래는 경영층이 많았고 실무자들은 대부분 저보다 한참 어린 친구들이 즐비했습니다. 인터넷 마케팅 업무에 한참 재미가 느껴질 무렵에는 그 당시 유명했던 홍익인터넷이라는 회사로 옮길까 하고 면접도 봤었는데 안 가기를 잘 했다는 생각이 들었습니다.

그때는 다행히 제가 직접 내꿈을 선택하고 학습하고 몰입했던 경험이 있는 상태였기 때문에 꿈 너머 꿈을 찾고 도전하는 것에 대해 두려움이 크지 않았습니다. 게다가 내꿈을 찾는 지름길도 이제는 알고 있습니다. 그 내용은 다음 글 '꿈의 공식'에서 이야기하겠습니다.

인터넷 마케팅 업무에서 생존하기 위해 난생처음 내가 주도적으로 내꿈을 선택하고 내꿈을 위해 학습하고 실행을 위해 몰입한 결과 낯선 분야에서 단기간에 괄목할 만한 성과와 성취감을 맛보았습니다. 한번 치열하게 겪어보았고 또 좋은 결과를 낳았기 때문에 새로운 내꿈을 찾는 두려움이 더욱 없었던 것 같습니다. 제가 반복해서 어른들이 스스로 자기 꿈을 선택하고 학습하고 몰입해 본 경험을 가지고 아이들에게 꿈을 이야기해야 한다고 주장하는 이유가 이와 같은 경험에서 비롯된 것입니다.

두 번째로 선택한 내꿈은 마케팅전문가였습니다. 물론 인터넷이 세상을 바꾸어 놓을 것이라는 사실은 알고 있었지만 40세가 다 된 제가 뛰어들기에는 너무 늦었다고 판단했기 때문입니다. 게다가 아시아나항공은 인터넷 회사가 아니었기 때문에 그 안에서는 인터넷 분야의 주인공이 될 수 없었습니다. 즉 진짜 인터넷전문가가 되기 위해서는 인터넷 회사로 전직하거나 스스로 인터넷 회사를 창업해야 하는데 그 당시에는 아시아나항공을 떠나고 싶은 생각이 전혀 없었습니다.

그래서 학부 전공인 경영학 중에서 영역을 좁힌 마케팅전문가를 두 번째 내꿈으로 선택했습니다. 인터넷전문가가 되기 위해 읽었던 책, 만나던 사람, 수강했던 세미나, 참여했던 커뮤니티를 점차 마케팅 분야로 바꿔가기 시작했습니다. 예를 들면, '한국웹마스터 클럽'이라는 인터넷전문가 커뮤니티 활동을 했었는데 내꿈을 마케팅전문가로 바꾼 다음에는 소기업 사장들이 마케팅을 위해 만든 'Baby CEO'라는 커뮤니티 활동을 시작했습니다.

과장 직급의 젊은 나이에 기업 CEO들과 수년간 독서모임도 했습니다. 함께 했던 독서모임 회원 중에는 현대그룹 계열사 사장을 역임하셨던 회장님도 계셨고 잘 나가는 모 출판사 CEO도 계셨습니다. 함께 했던 분들의 사회적 영향력 덕분에 교육부 장관을 하셨던 서울대 문용린 교수님을 사적인 자리에서 만나 가르침을 받기도 하고 변리사협회 회장을 역임하신 모 변리사님과 공동 특허출원을 하는 등 상자 안에 있었다면 전혀 경험해보지 못했을 지식과 경험을 얻을 수 있었습니다.

그리고 만만치 않은 경제적 부담과 회사 상사들의 눈치를 보며 일찍 퇴근해야 하는 심리적 부담을 안고 고려대 경영대학원 마케팅 석사 과정에도 입학했습니다. 늦게 선택한 두 번째 내꿈에게 지름길을 찾아주기 위한 투자였습니다.

'펄떡이는 내꿈은 내 영혼의 심장이다!' 제가 만든 자가명언입니다. 내가 선택한 내꿈은 에너지가 다릅니다. 누군가의 질문과 강요에 반응해서 반사적으로 내뱉는 꿈과는 차원이 다릅니다. 그 꿈은 사실 내꿈이 아니라 남꿈입니다. 꿈을 위해 피와 땀과 눈물을 흘려야 할 내가, 나를 살펴보고 세상을 살펴본 다음에 조심스럽게 스스로 선택한 내꿈이 아니라, 누군가에게 잘 보이기 위해 반사적으로 내뱉은 남꿈이기 때문입니다.

인터넷전문가를 선택하고 학습하고 몰입하고 성취하면서 내꿈이 펄떡이고 있다는 것을 느끼곤 했습니다. 두 번째로 선택한 마케팅전문가를 선택하고 학습하고 몰입하고 성취하면서도 내꿈이 펄떡이고 있다는 것을 느끼곤 했습니다. 과거에는 쉽게 흔들리고 유혹에 쉽게 넘어가곤 하던 내 영혼이 펄떡이는 내꿈이 생기자 줏대가 생기고 의지력이 강해졌다는 것을 스스로 느끼곤 했습니다. '펄떡이는 내꿈은 내 영혼의 심장이다!'라는 표현도 그 과정에서 떠오른 깨달음을 저만의 문장으로 정의한 자가명언입니다.

약간 다른 이야기지만 '자가명언짓기' 습관을 강추드리고 싶습니다. 저는 책을 읽다, 사람을 만나다, 여행을 하다, 영화를 보다 문득 어떤 영감과 감동과 자극을 받는 순간 그 상황 혹은 그 의미에 나만의 멋진 단어로 이름을 붙이고, 나만의 멋진 문장으로 의미를 정리하는 습관을 가지고 있습니다. '육체는 음식을 먹지만 영혼은 단어(문장)를 음미한다!'고 생각하기 때문입니다.

어떤 현상을 나만의 단어와 문장으로 정의하면 내 영혼이 그 단어와 문장을 반복해서 음미하고 되새김하게 되는데 그 과정에서 내 지혜가 깊어지고 넓어진다고 생각하기 때문입니다. 물론 '육체는 음식을 먹지만 영혼은 단어(문장)를 음미한다!'라는 문장 역시 저의 '자가명언짓기' 습관에 의해 만들어진 문장입니다. 강의할 때 종종 사용하곤 하는데 많은 분들이 감동하여 메모해 두는 문장 중 하나입니다.

다시 내꿈 이야기로 돌아가겠습니다. 두 번째 선택한 내꿈을 위해 고려대 경영대학원에서 마케팅을 공부하고 있을 때 제 인생을 완전히 바꿔놓는 두 번째 사건이 발생했습니다. 중역 지시로 150여 명의 임직원 앞에서 3분 스피치를 했는데 그 3분이 제 인생 방향을 완전히 틀어놓았습니다.

지금의 아시아나항공 한국지역본부에서 아시아나항공과 거래하는 전국 여행사를 대상으로 인터넷 서비스를 기획하고 개발하고 운영하는 업무를 하면서 저녁에는 경영대학원에 다니고 있을 때입니다. 경영대학원 5차 학기 때이니 인터넷전문가에서 마케팅전문가로 내꿈을 변환시킨 지 3년째가 되던 해였습니다.

무슨 생각을 하셨는지 한국지역본부 지점장인 상무님께서 매주

월요일 아침 임원 훈시를 마치신 후 직원들에게 매주 1명씩 돌아가면서 자유주제로 3분 스피치를 하라는 지시를 내렸습니다. 회사원에게, 발표 주제도 주지 않고 중역과 부장을 비롯한 백 명이 넘는 임직원 앞에서 스피치를 하라고 하시니 자기 발표 날짜가 다가오면 스트레스가 이만저만이 아니었습니다.

"여행사 직원들에게 친절하게 합시다.", "전화를 친절하게 받읍시다." 등의 주제를 던져 놓고 왜 그래야 하는지 대충 설명하고 들어가는 직원이 있는가 하면, 몇 주 전부터 좋은 시를 찾아두었다가 낭독한 후 부리나케 뛰어 들어가는 직원도 있었습니다. 수백 번 강의 경험이 있는 지금은 "3분 스피치 하라"라고 하면 시간이 너무 적다고 투덜거릴 정도지만 그 당시에는 저 역시 3분이 공포의 시간이었습니다. 그런데 그때 그 3분을 모면하기 위한 저의 우연한 선택이 제 운명을 완전히 갈라놓았습니다.

이 책 바로 앞에 출간한 『나는 내가 원하는 삶을 살고 싶다』에서 소개한 독서노트와 프랭클린 자서전을 포함한 3권의 책을 들고 나갔습니다. 그리고 회사에서 조직의 지식경영을 하듯 저는 개인의 지식경영을 이렇게 하고 있다며 저의 독서법과 독서노트를 소개했습니다. 그때 상무님의 표정과 질문을 지금도 잊을 수가 없습니다.

누가 내꿈을 훔쳐 갔을까?

"너희들 중에 김상경 과장의 독서노트에 있는 책 중 3권 이상 읽은 사람 손들어봐!"

"…"

"김상경, 존경스럽구나. 네가 이렇게 사는 놈인 줄 몰랐다!"

'(속으로) 이게 무슨 상황이지???'

저는 단지 3분을 모면하려고 들고 나간 것뿐이었습니다. 그런데 전혀 예상하지 못했던 상황이 발생한 것입니다. 하루 종일 가슴이 콩닥콩닥 뛰었습니다. 그래서 그날 밤 집에 가서 내 인생을 바꿔놓는 두 번째 사내이력서를 쓴 다음 비전노트와 독서노트를 첨부해서 다음 날 인재개발팀장에게 보냈습니다.

'인재개발팀장님, 저는 한국지역본부에서 여행사 대상 인터넷 서비스를 담당하고 있는 김상경 과장입니다. 저는 여행사 대상 인터넷 마케팅팀 신설 멤버로 참여했다가 업무를 가르쳐주는 선배한 명, 업무에 참조할 수 있는 서류 한 장 없는 상태에서 스스로 생존하기 위해 첨부 드린 툴과 시스템에 의해 꿈과 목표를 설정하고 자원을 관리해서 단기간에 괄목할 만한 성장과 성과를 창출했습니다. 아시아나항공과 전 세계 여행사를 온라인 플랫폼으로 연결한 Asiana Auth System에 의해 한국경제마케팅대회 금상을 수상한 것을 비롯해 ~~~ 중략~~~. 인재개발팀원으로 받아주신다면 제 노하우와 시스템을 후배들에게 나누고 싶습니다.'

대략 위와 같은 요지의 사내이력서였습니다. 지금도 늘 느끼는 것이지만 제 '비전노트'와 '독서노트'를 받아든 사람들의 반응이 비슷합니다. 제 얼굴과 제 노트들을 번갈아 바라보면서 '뭐 이런 사람이 다 있지!' 하는 표정을 짓곤 합니다.

함께 독서모임을 했었고 현대그룹 사장을 역임하신 모 회장님은 본인 사위들에게 보여주고 싶다고 비전노트 3장을 복사해 가시기도 했고 국내 1위 일본 전문 유학원인 '동유모' 고경훈 사장은 일본 유학생들에게 제 비전노트를 1,000장 이상 복사해 주었다고 하더군요. 당시 인재개발팀장님도 같은 느낌을 받으셨는지 곧바로 인재개발팀으로 받아들여 주셔서 지금의 작가 겸 강사로서의 김상경이 시작되었던 것입니다.

인재개발팀에서 3년여간 강의를 하면서 서서히 제 가슴 속에 오랫동안 잠들어 있었던 교육자로서의 재능과 관심이 용트림하기 시작했습니다. 첫 강의 때는 너무 긴장한 나머지 강의실을 나오면서 구토를 할 정도였지만 강의 경험이 수십, 수백 번 쌓여가면서 주체할 수 없는 사명감, 보람, 기쁨, 희열을 느끼곤 했습니다. 긴 방황 끝에 비로소 진짜 내꿈을 찾았다는 느낌과 확신이 조금씩 들기 시작했습니다.

그야말로 내꿈을 찾기 위해 이곳저곳, 이것저것을 뒤척뒤척 뒤져왔던 것입니다. 조종사 본부에서 탈출하려고 무모하게 도전한 인터넷전문가의 길에서 이 길이 내 길이 맞나 수없이 반문했습니다. 그것도 나 홀로 앉아 고민한 것이 아니라 책과, 사람과, 세미나와, 커뮤니티를 통해 나와 세상을 비교해 보고 반추해 보면서 평생 가도 될 길인지 아닌지 이리저리 고민하고 검토해 보았지만 내가 계속 가야 할 길은 아니었습니다.

마케팅전문가라는 두 번째 내꿈을 위해서도 책과, 사람과, 세미나와, 커뮤니티를 이리 뒤척, 저리 뒤척 뒤지면서 제가 평생 몰입해도 될 길인지 고민하고 검토해 보았습니다. 하지만 두 번째 선택한 내꿈에 대한 확신이 들기 전에 '임직원 대상 3분 스피치'라는 제 계획에도 없고 흔하지도 않은 한 사건이 내꿈 길을 획 틀어놓았습니다.

그런 다음 선택한 세 번째 내꿈 길에서 2~3년간 또 책과, 사람과, 세미나와 커뮤니티를 통해 이리저리 찾아보고 이번에는 스스로 지식의 생산자가 돼서 책과 강의를 통해 제 생각과 지식 그리고 경험을 세상 사람들과 나눠보면서 비로소 평생을 쏟아붓고 싶은 진짜 내꿈을 발견하게 되었습니다.

내꿈을 찾는 여정도 내꿈을 고민하는 과정도 내꿈을 선택하는 순간도 그 중심에는 내가 있어야 합니다. 세상과 사람들을 통해 영감을 얻고 자극도 받겠지만 그것이 내꿈에 영향을 줄지 말지는 오롯이 나의 선택이어야 합니다. 뒤척뒤척 내꿈을 뒤지는 과정이 넓고 깊을수록 진짜 내꿈을 찾을 확률, 진짜 내꿈을 이룰 확률이 하늘처럼 높이 치솟을 것입니다.

누가 내꿈을 훔쳐 갔을까?

혹시 나침반이 가리키는 자북磁北magnetic north과 진북眞北true north은 다르다는 사실을 알고 계십니까? 네이버 지식백과를 찾아보면 그 차이를 이렇게 설명하고 있습니다.

'자북'이란 나침반의 N극이 가리키는 북쪽입니다. 북반구의 캐나다 북쪽 허드슨만 부근에 위치한 천연 자력 지대를 가리키며, 자력은 해마다 조금씩 이동하고 있습니다.

'진북'이란 **언제나 변하지 않는 북쪽**으로 **북극성의 방향**입니다. 진북은 별표★로 나타냅니다.

우리가 통상적으로 생각하는 북극인 자북보다 진북이 오른쪽으로 약간 기울어져 있습니다. 이화여대 경영대학 윤정구 교수님과 구루피플스 이창준 대표님이 재능기부로 운영하고 계시는 '진성리더십 아카데미'에서였던 것 같습니다. 이 진북의 개념을 처음 접했을 때 소름이 돋았습니다. 이럴 때 직감적으로 떠오르는 천재적 영감을 저의 전 저서 『나는 내가 원하는 삶을 살고 싶다』에서 '절대영감'이라는 단어로 정의한 바 있습니다.

제 마음대로 한 해석이긴 하지만 저는 이런 생각을 했습니다.

'그동안 내가 진짜 북극으로 생각했던 자북은 가짜 북극이고, 진짜 북극은 진북이다. 그동안 내가 어른들의 관심과 반응, 사회의 기대와 강요에 짜 맞추기 위해서 반사적으로 선택했던 꿈은 가짜 내꿈이고, 내가 스스로 선택했던 인터넷전문가, 마케팅전문가, 교육전문가라는 꿈이 진짜 내꿈이다. 게다가 진북은 북극성의 방향이고 별표 ★로 나타낸다니 그동안 구체적으로 표현하기 어려웠던 진짜 내꿈에 대한 상징으로 진북True North, ★만큼 좋은 단어가 어디 있을까? 우리가 그토록 박수치고 환호하며 외쳐대는 '꿈★은 이루어진다!'라는 문장이 떠오르기도 했습니다.

그 이후 진정한 내꿈을 찾기 위해 학습하고 실천하고 몰입했던 여정에 대해 '내삶의 진북여행My True North Journey' 혹은 '내삶의 북극성 투어My Polaris Tour'라는 표현을 대화, 강의, 집필 시에 즐겨 사용하고 있습니다. 그 표현을 듣기만 해도 설레기 때문입니다. 저도 설레고,

저 표현을 들은 많은 분들도 설레는 것을 자주 보았습니다. 그동안 잊고 살았던 내꿈에 대한 설렘을 새록새록 느끼게 해 주는 표현이기 때문입니다.

내꿈에 대한 설렘을 되찾는 것이 잊어버렸던 내꿈을 내삶으로 다시 돌아오게 하는 첫걸음입니다. 저는 내가 내꿈에 세뇌되어 미칠 수 있게 저 단어를 의도적으로 되뇌곤 합니다. '불광불급不狂不及' 즉, 미치지 않으면 미치지 못한다, 광적으로 덤벼들어야 원하는 것을 이룰 수 있다는 말이 있듯이 내가 내꿈에 미쳐야 이룰 수 있기 때문입니다.

이처럼 치밀하게 꿈에 대해 학습하고 실천하고 나누는 내삶의 진북여행을 하다 보니 깨닫는 것들이 많아졌습니다. 그중에서 독자들의 진북여행에 도움이 될만한 지혜에 '꿈의 공식'이라는 이름을 붙여 소개해 볼까 합니다. 참고로 '꿈의 공식'이라는 단어도 그 세부 이론인 '내꿈탐색법', '내꿈오작교'도 저의 자가명언짓기 습관에 의해 만들어진 단어로, 제가 성장해갈수록 이 명칭과 개념들도 살아 숨 쉬는 생명체처럼 성장해 갈 것입니다.

먼저 '내꿈탐색법'을 소개합니다.

아시아나항공 인재개발팀 근무 시절 방학 때가 되면 직원 자녀들을 초대해서 유명 강사들이 진행하는 비전캠프, 리더십캠프 등을 개설하곤 했습니다. 저는 '누군가의 꿈이 현실이 되도록 돕는 삶'이라는 사명을 가진 사람으로서 꿈에 대해 학습하고 실천하고 대화와 강의와 집필을 통해 나누는 삶을 살고 있었기 때문에 그냥 교육과정을 운영하는 담당자보다는 굉장히 예민하게 강사와 콘텐츠를 관찰하곤 했습니다.

현장에서 가장 심각하게 그것도 수년간 반복적으로 느꼈던 문제는 '꿈이 지나치게 이벤트화, 놀이 도구화되어 있다'라는 것입니다. 몇 시간, 심지어는 한두 시간짜리 교육과정에서 내꿈을 선택하도록 강요하고 있었습니다. 그것도 아주 재미있게, 아주 자극적으로 만들수록 그 교육프로그램이 잘 팔린다고 합니다.

"자! 여러분, 꿈이 엄청 소중하다는 거 잘 아시죠? 그래서 지금부터 두 시간 동안 내꿈을 찾아보기로 하겠습니다."

독자 여러분은 어떻게 생각하십니까? 엄~~~청 소중하다면서 그것을 한두 시간 안에 찾아내라고 하는 것이 맞는 것일까요? 이 책 도입부에 소개했던 "아들! 커서 뭐가 될 거야?"로 시작하는 광고에서도, 4년마다 온 나라가 북 치고 장구 치며 '꿈★은 이루어진다!'고 외치는 장면에서도 꿈이 마치 놀이도구가 된 것 같은 느낌을 지울 수가 없습니다.

누가 내꿈을 훔쳐 갔을까?

그렇다고 꿈을 너무 심각하게 생각해야 한다거나 꿈에 대해 재미를 느껴서는 안 된다는 이야기를 하려는 것은 아닙니다. 저는 흑백론을 좋아하는 사람도 아니고, 세상 그 어느 것도 백 퍼센트 이쪽이고 백 퍼센트 저쪽인 것은 없다고 생각합니다.

제가 느낀 것은 꿈이 놀이와 재미 쪽으로 지나치게 치우쳐 있다는 점입니다. 사실 꿈은 한쪽으로 치우치려면 놀이와 재미보다는 진지하고 조심스러운 쪽으로 치우치는 게 옳다고 생각합니다. 왜냐하면, 내꿈이 한번 정해지면 수년 또는 수십 년간 굉장히 많은 내 땀과 눈물, 시간과 자원을 쏟아부어야 하기 때문입니다. 즉 선불리 잘못 골랐다가는 수년간 혹은 수십 년간 어만 길 위에서 내 소중한 땀과 눈물을 흘리고 시간과 자원을 낭비하기 때문입니다. 실제로 수많은 사람들이 그렇게 살아가고 있고요. 심한 경우는 수십 년간 애먼 길을 죽어라고 열심히 달려왔다는 사실을 뒤늦게 깨닫고 삶의 태도가 갑자기 무너지거나 삶을 포기하는 사람도 있습니다.

그래서 꿈은 아니 내꿈은 마치 유리구슬처럼 진지하고 조심스럽게 다루어야 합니다. 세상에 내꿈만큼 소중한 것이 없으니까요.

사람들이 이야기하는 꿈은 내꿈이 아닙니다. 내꿈만이 내꿈입니다. 우리가 외치는 꿈은 누군가의 꿈일 뿐입니다. 엄밀히 말해 박지성의 꿈이었고, 박세리의 꿈이었고, 박찬호의 꿈이었고, 김연아의 꿈이었고, 지금은 손흥민의 꿈입니다.

그들의 꿈이 이루어지는 것을 보며 목이 터져라 환호하고 손바닥이 아플 정도로 박수치며 응원해 주었는데 그들이 수십억, 수백억 벌 때 제겐 땡전 한 푼 준 적이 없고 제 삶은 그대로였습니다. 저도 우리의 영웅들을 엄청나게 좋아하지만 한편으로는 은퇴 후에도 젊은 한때 잘했던 업적의 힘으로 죽을 때까지 존경과 부귀영화를 누리는 것을 보면 솔직히 배가 아픕니다. 저 역시도 그들 못지않게 열심히 살았고, 제 주변의 많은 사람들도 그들 못지않게 열심히 살고 있기 때문입니다.

이런 깨달음 덕분에 저는 누군가의 '꿈'에서 '내꿈'이라는 단어를 분리, 독립시키기로 했습니다. '꿈'이라고 했을 때는 내가 포함되지 않아도 무방하지만 '내꿈'이라고 표현하는 순간 내가 포함될 수밖에 없기 때문입니다. 앞에서도 말씀드렸듯 육체는 음식을 먹지만 내 영혼은 단어를 먹고 음미하기 때문입니다. 내 영혼이 먹고 음미하고 되새김을 반복하면 내 생각과 행동이 바뀌고, 내 생각과 행동이 바뀌면 습관이 바뀌고, 내 습관이 바뀌면 내 운명이 바뀌기 때문입니다.

내꿈 자체를 통해 즐겁고 행복해야지 누구의 꿈인지도 모를 꿈을 가지고 놀면서 즐거워하는 것은 내꿈과는 전혀 상관없는 그저 놀이일 뿐입니다. '꿈'이라는 단어 자체가 가진 설렘에 여러 사람의

누가 내꿈을 훔쳐 갔을까?

희망과 열정이 뭉치고 마약처럼 강력하고 자극적인 중독성이 생기는 것 같습니다. 지금 이런 글을 쓰고 있는 저 역시도 온 나라가 '꿈 ★은 이루어진다!'고 들썩들썩하면 덩달아 들썩들썩하곤 하니까요. 다만 저는 꿈놀이와 내꿈은 분명히 분리하자는 말씀을 드리고 있는 것입니다.

즉, 내꿈이 이루어지는 것을 상상하면서 그리고 그것을 이루어가는 과정에서 설레고 기쁘고 즐거워야 합니다. 누구의 꿈인지도 모를 꿈을 가지고 놀면서 즐거워하는 것은 내꿈과는 전혀 상관없는 그냥 놀이일 뿐이라는 사실을 알아차려야 합니다. 그 놀이만으로는 절대 내꿈을 찾을 수도 없고 찾지 못한 내꿈이 이루어질 리도 없으니까요. 이와 같은 생각에서 만든 것이 '내꿈탐색법'입니다.

'내꿈탐색법'은 내꿈을 놀이나 이벤트로 한순간에, 혼자서 찾고, 결정하는 것이 아니라 시간을 가지고 여러 사람의 지혜에 내 경험과 고민을 더 해 진지하고 조심스럽게 찾는 방법을 체계화한 이론입니다. 체계화를 한 이유는 세 가지입니다.

첫째는, 막연하게 문제가 있다는 것을 느끼고 있거나, 문제가 있으니 무엇인가를 어떻게 해봐야 하는데 무엇을 어떻게 해야 할지 모르는 사람들에게 구체적인 방법을 제시해 주기 위해서입니다.

둘째는, 아직 이런 고민을 많이 해보지 않은 초보자나, 어린아이들, 학생들, 청년들도 쉽게 해볼 수 있기 때문입니다.

셋째는, 어른(부모, 스승, 선배, 상사)들이 먼저 해보고 그 경험을 기반으로 그들의 자녀, 제자, 후배, 부하들에게 "진짜 내꿈은 이렇게 찾는 거야!"라며 구체적으로, 경험적으로 알려줄 수 있었으면 하는 바람 때문입니다.

내꿈탐색법의 기원 역시 선배로서 아시아나항공 후배들에게 제가 직접 경험했던 진짜 내꿈을 찾아가는 내삶의 진북여행My True North Journey을 좀 더 쉽게 구체적으로 알려주려고 고민하는 과정에서 시작된 것입니다.

저는 누구도 제 곁에서 "내꿈은 이렇게 찾는 거야!"라고 끌어주고 밀어주는 내꿈멘토가 없었기 때문에 내꿈을 찾는데 무려 9년이 걸렸습니다. 물론 그럼에도 절대 그 시간이 아깝지는 않습니다. 진짜 내꿈을 찾지 못한 채 죽는 사람도 많고, 내꿈을 찾았지만 이런저런 상황 때문에 어렵게 찾은 내꿈에 몰입해 보지 못하고 죽는 사람도 많기 때문입니다.

진짜 내꿈을 못 찾은 사람과 찾은 사람의 비율을 대략 8:2 정도라고 할 수 있지 않을까요? 그런데 진짜 내꿈을 찾은 20% 사람 중에서도 찾기만 했지 몰입해 보지 못한 사람과 몰입해 본 사람의 비율은 또 8:2 정도라고 생각합니다. 즉 세상 사람 중 대략 4% 정도만이 진짜 내꿈을 찾아 후회 없이 몰입해 보다 가는 사람이라고 생각합니다.

물론 이 비율은 이해를 돕기 위해 지나치게 비약한 측면도 있습니다. 하지만 저는 진짜 내꿈을 찾아 몰입하고 있는 4%에 들어간 행복한 사람이라는 것을 실감하고 싶어서 숫자 비율을 동원한 측면도 있고 이 글을 읽고 계신 독자들도 숫자와 비율에 따라 자신의 위치를 구체적으로 가늠해보시라고 지나치게 비약하는 위험을 감수한 것이니 이해해 주시기 바랍니다.

저는 지금 말씀드리고 있는 지혜나 경험이 전혀 없는 상태에서 내삶의 진북여행을 홀로 하다 보니 시행착오와 시간낭비와 고생이 극심했습니다. 가장 큰 손실은 시간입니다. 왜냐하면, 인터넷전문가, 마케팅전문가, 교육전문가를 직렬로 검토했기 때문입니다. 3가지를 검토하는데 각각 3년 정도씩 투자했더니 교육전문가의 길이 내 길이라는 확신을 가질 때까지 9년 정도가 소요되었습니다.

그래서 이런 경험을 통해 후배들은 시행착오와 시간낭비와 고생을 줄이되 훨씬 빠르고 정확하게 내꿈을 찾아갈 수 있는 지름길을 알려주어야겠다는 생각으로 고안한 것이 '내꿈탐색법'입니다.

내꿈탐색법을 간단히 이야기하면 내꿈을 순간에 결정하지 말고 내꿈탐색기, 내꿈준비기, 내꿈몰입기로 구분해서 찾고, 준비하고, 몰입하라는 것입니다. 아울러, 내꿈탐색기 때는 한 가지만을 대상으로 검토하지 말고 3가지 분야를 동시에 비교 검토하라는 것입니다.

예를 들면 저는 인터넷전문가, 마케팅전문가, 교육전문가를 대략 3년 단위로 직렬적으로 검토했는데 내꿈탐색법에 의하면 이 세 가지 분야를 동시에 검토대상에 올려두고 3년 정도 비교 검토하라는 것입니다.

그럼 '비교 검토할 세 분야는 어떻게 선택할 것인가?'라는 의문이 들 것입니다. 이때 앞에서 이야기한 낭중지추 이론을 적용하면 됩니다. 즉 내 과거 속 여기저기에 어른들과 사회의 강요에도 불구하고 내가 잘하거나 좋아해서 시도했던 내꿈의 단서들이 숨어 있습니다. 내 과거 경험과 그 과거에 대한 현재의 생각과 느낌에 의해 내가 잘하는 것, 내가 하고 싶은 것을 세 개 정도 비교 검토 대상으로 선정하면 됩니다.

저처럼 한 분야에 3년씩 직렬적으로 투자하면 3개 분야를 간접 경험하는 데 9년이나 걸립니다. 하지만 3개 분야를 병렬적으로 놓고 동시에 비교 검토하면 3년이면 가능합니다. 만일 3년을 투자했는데도 그중에 진짜 내꿈이 없다면 새로운 3개 분야를 비교 검토해도 고작 6년밖에 걸리지 않습니다. 그렇게 해서라도 이후 내 인생을 쏟아부을 수 있는 진짜 내꿈을 찾는다면 아깝지 않은 시간이기도 하고 이처럼 치밀하게 6개 분야를 검토하게 되면 그 과정에서 내가 크게 성장하게 됩니다.

그뿐만이 아닙니다. 3개 분야 또는 6개 분야를 치밀하게 조사하고 비교 검토하다 보면 해당 분야 전문가들의 눈에 띄게 되고 더러는 스카우트 제의가 들어오는 경우도 있습니다. 만일 3년 후 또는 6년 후 '바로 이 길이야!'라는 확신이 들었을 때는 이미 내 곁에 나를 도와줄 그 분야 전문가들이 즐비할 것입니다. 내가 성장했고 그 과정을 오랫동안 지켜본 전문가들이 내 곁에 포진해 있다면 이미 반은 성공한 것입니다.

핵심인재란 이런 인재를 의미합니다. 자기 스스로 삶의 이유(Why)를 찾고, 실행하기 위해 계획하고, 실천하고, 실패하고, 배우고, 개선하기를 반복하는 자. 그런 사람은 성장하고 성공하기 마련입니다. 그런 사람이 면접관 앞에 서면 낭중지추처럼 그의 가치가 이심전심으로 느껴지기 마련입니다.

내꿈탐색기에 의해 3개 또는 6개 분야 중 진짜 내꿈 분야를 찾았습니다. 하지만 이때까지도 아직은 몰입할 상황이 아닙니다. 내꿈탐색기 다음 단계는 내꿈준비기입니다. 내꿈준비기는 대략 2년으로 생각하고 있습니다. 이때는 3개 또는 6개 분야에 분산 투자했던 내 시간과 자원을 내꿈으로 선정한 분야에 집중 투자하는 단계입니다.

이 시기는 내꿈준비기이기도 하고 한편으로는 내꿈확인기이기도 합니다. 1개 분야에 집중하다 보면 더 깊게 들어가기 때문에 내꿈탐색기 때는 보이지 않았던 것들이 보이기 시작합니다. 이 단계까지는 결혼해서 평생 함께 살아도 될 분야인지 아니면 잠깐 연애로 끝낼 분야인지 자신에게 계속 질문을 던져 보아야 합니다. 앞에서 말씀드린 것처럼 확정하고 나면 이후의 내삶에서 가장 많은 땀과 눈물, 시간과 자원을 쏟아부어야 하기 때문입니다.

이렇게 내꿈탐색기 3년(또는 6년), 내꿈준비기 2년을 투자해보면 그 분야를 본업 또는 전업으로 뛰어들지 말지에 대한 확신이 들 것입니다. 그뿐만 아니라 제대로 그 길을 걸어왔다면 물심양면 도와줄 사람도 주변에 많이 있을 것이고요. 이때 확신이 서면 이제 완전히 몰입할 단계입니다. 본업 또는 전업으로 생각하고 내꿈에 뛰어들어 몰입하는 단계가 내꿈몰입기입니다.

읽으면서 느껴지시겠지만 이와 같은 과정을 거쳐 검토하고, 훈련하고, 몰입하면 '선택실패'의 위험성이 많이 낮아질 뿐만 아니라, '실행실패'의 위험성도 급격히 낮아집니다. 탐색하고 준비하는 과정에서의 자기 성장뿐만 아니라 내꿈 길을 도와줄 내꿈멘토, 내꿈 길을 함께 가줄 내꿈친구라는 인적자원을 가지게 되기 때문에 내꿈을 잘못 선택할 위험도, 내꿈에 실패할 확률도 매우 낮아질 수밖에 없는 것입니다.

다음은 '꿈의 공식'의 완결판 '내꿈오작교'를 소개합니다.

'꿈의 공식'은 '내꿈탐색법'과 '내꿈오작교'의 융합에 의해 완성됩니다. 이렇게 표현할 수 있겠죠. '꿈의 공식 = 내꿈탐색법 × 내꿈오작교'

그럼 쉽게 풀어보겠습니다.

앞에서도 말씀드렸듯이 제가 잘 모르는 인터넷 업무를 혼자 맡았는데 회사 내에서는 업무를 가르쳐줄 선배 한 명, 업무에 참고할 종이 한 장이 없다는 사실을 알았을 때는 참담했습니다. 탈출을 위해 무작정 교도소 담장을 뛰어넘었더니 늪 속으로 뛰어든 것입니다.

인터넷 용어도 모르는 왕초보가 전문 프로그래머들을 진두지휘해서 수억 원짜리 프로젝트를 감당할 자신도 없고 그렇다고 사표낼 용기도 없어 우왕좌왕, 갈팡질팡하는 시간이 길어지면서 심각한 불안감, 두려움이 몰려왔습니다.

그러던 어느 날 문득 '그래 상자 안에 없으면 상자 밖에서 찾아보자!', '사람이 답이잖아. 나를 가르쳐줄 사람이 회사 안에 없으면 회사 밖에서라도 찾아보자!'라는 생각이 들었습니다. 오랜 세월이 흐른 뒤에야 알게 되었지만 그때 도망이 아니라 도전을 선택한 것이 진짜 내꿈을 만나게 해준 신의 한 수였습니다. '꿈의 공식 = 내꿈탐색법 × 내꿈오작교'가 탄생할 수 있었던 시발점이기도 하구요. 이 공식은 한정된 시간에 생존을 위한 지름길을 찾아야 했던 절박함이 준 선물입니다.

거의 매일 테헤란로로 두 번째 출근을 했습니다. 그 당시 살고 있었던 중계동에서 사무실이 있었던 종로로 출근했다가 회사에서 퇴근하면 다시 테헤란로로 저녁 출근하는 생활이 반복되었습니다. 그곳에 가면 그 당시 잘 나가던 인터넷 기업의 전문가들을 쉽게 만날 수 있었기 때문입니다.

3년여간 거의 매일 테헤란로로 저녁 출근을 했더니 한동안 집사람과 싸울 때마다 집사람이 그러더군요. "당신은 내가 임신해서 입덧하고 있을 때마다 테헤란로에 가 있었잖아. 입덧으로 수박이 먹고 싶으면 임신한 여자가 무거운 수박을 낑낑거리며 들고 와서 혼자 먹은 거 알아?"

제게는 작은 희망이 보이기 시작했던 시기이기도 했지만 한편으로는 얻는 것만큼 잃는 것을 감수할 수밖에 없었던 시기이기도 합니다.

테헤란로의 젊은이들은 저보다 띠동갑 이상 차이가 나는 어린 친구들이었지만 인터넷에 대해서는 저보다 전문가들이었고 그럼에도 저보다 더 열심히 인터넷 분야 공부를 하고 있는 모습에 큰 충격을 받았습니다. 그들은 인터넷 분야의 책을 읽고, 사람을 만나고, 세미나를 하고, 커뮤니티 활동을 하고 있었습니다.

'사람이 답이다'라고 하지만 정답인 사람을 찾았을 경우에만 맞는 말입니다. 오답인 사람도 많거든요. '사람이 답이다'라는 정의 안에는 나의 성공과 행복에 사람이 가장 큰 영향을 미친다는 진리가 담겨 있습니다. 하지만 사람의 영향력이 큰 만큼 그 반대 진리도 성립합니다. 즉 '오답인 사람은 재앙이다'라고 표현할 수도 있습니다. '인연을 함부로 맺지 마라'는 법정 스님의 말씀도 그 의미일 것입니다. 이전 책에는 법정 스님의 말씀 전문을 실었습니다만 인터넷에 검색해보면 많이 나오니 꼭 한번 검색해서 읽어보시길 권합니다.

문제는 정답인 사람 그것도 내꿈에 정답인 사람을 찾고 만나는 것이 하늘의 별 따기라는 것입니다. 저는 이와 같은 사람 즉, 내꿈을 위한 지혜와 자극을 주는 사람을 내꿈멘토라 칭하고 있습니다. 이 내꿈멘토를 찾고 만나기가 여간 힘든 일이 아니라는 것입니다.

우연히 내꿈멘토를 찾았다 하더라도 만나는 일은 또 별개의 어려움입니다. 다른 나라에 계실 수도 있고 이미 죽은 분일 수도 있습니다. 혹은 너무 유명한 분이어서 감히 다가설 수 없는 사람도 있습니다. 워런 버핏과 점심 한 번 먹으려면 '워런 버핏과의 점심 경매'에 입찰해서 50억 원 안팎을 써야 가능하다니 말이지요.

그런데 테헤란로에서 내꿈멘토를 저렴하게 무한 반복해서 만날 수 있는 지름길을 발견했습니다. 바로 책, 세미나, 커뮤니티였습니다.

책 안에는 다른 나라에서 혹은 살아계실 때 내꿈과 같은 꿈을 꾸고 이루셨던 분이 계셨습니다. 내꿈과 관련된 세미나와 커뮤니티에 가보면 내꿈과 같은 꿈을 가지고 이미 앞서가고 있는 분들이 계셨습니다. 그것도 한두 분이 아니고 여러분이 모여 계셨습니다. 심지어 세미나, 커뮤니티에는 내꿈멘토뿐만 아니라 내꿈과 같은 꿈을 가지고 열심히 공부하고 실천하고 나누고 있는 내꿈친구들도 많았습니다. 그야말로 내꿈으로 가는 지름길을 알려주는 내꿈멘토와 흔들리는 저를 함께 가자고 손을 잡아주는 내꿈친구들이 가득했습니다. '사람이 답이다'라는 것을 몸과 마음으로 '그래 맞아 사람이 답이야!'라고 확신하게 해주는 경험을 하게 된 것입니다.

책과 세미나와 커뮤니티는 사람을 만나는 징검다리입니다. 책을 읽고, 세미나를 수강하고, 커뮤니티 활동을 하는 것은 바로 사람의 이야기를 듣고, 사람과 교류하고, 사람에 대한 느낌을 얻는 자리이기 때문입니다. 내꿈과 관련된 분야의 책, 세미나, 커뮤니티를 통해 사람들과 반복적으로 만나고, 이야기하고, 느끼고, 되새김하다 보면 그 안에서 수많은 '내꿈에 정답인 사람'을 발견할 수 있고, 교류할 수 있고, 인연을 쌓아갈 수 있습니다.

앞에서 이야기했던 것처럼 내꿈 탐색을 위한 지혜와 자극도 얻을 수 있지만 내꿈을 찾은 다음에도 내꿈을 훈련하고, 몰입하고, 성취해가는 과정에서 끊임없이 지혜와 자극을 얻을 수 있는 내꿈 멘토, 내꿈친구를 얻을 수 있는 곳이 바로 책, 세미나, 커뮤니티입니다.

'세상은 혼자 살 수 없다', '성공은 혼자 이룰 수 없다'는 말을 되새겨보면 '아무나'가 아니라 바로 이와 같은 '내꿈에 정답인 사람(내꿈멘토, 내꿈친구)'들과 같이 세상을 살아가고 성공을 이루어가야 한다는 말일 것입니다. 그러니 법정 스님의 말씀처럼 인연을 함부로 맺지 말아야 하는 것이고, '정답인 사람에 한해서 사람이 답이다'라는 표현이 더 정확한 표현일 것입니다.

이와 같은 생각들을 정리해서 만든 이론이 '내꿈오작교'입니다. 사람이 답이라지만 사람을 직접 만나는 것은 한계가 많습니다. 멀리 있는 사람도 있고 이미 죽은 사람도 있습니다. 나는 만나고 싶어 해도 상대방이 만나주지 않는 사람도 있습니다. 지위나 위치 때문에 감히 만나자고 청하기 어려운 사람도 많습니다.

사람을 직접 만나서 생생한 지혜와 자극을 얻는 것이 최고지만 그것이 어렵거나 비효율적인 면이 있으므로 사람을 포함해서 다음과 같이 4개의 내꿈오작교들을 정의한 것입니다.

'내꿈오작교 = 책, 사람, 세미나, 커뮤니티'

저는 내꿈 분야를 바꿀 때마다 새로 바꾼 내꿈 분야의 4가지 내꿈 오작교를 건너가 내 상상 속에 있는 내꿈의 땅, 미래의 My Dream Land를 밟아보고 느껴보곤 했습니다. 이미 내꿈과 같은 꿈을 이룬 사람 또는 아직 이루지는 못했지만 저보다 앞서가고 있는 사람의 지혜와 경험을 통해 내꿈의 진짜 모습, 내꿈으로 가는 지름 길, 그 길 위에 있는 장애물을 미리 알아차리고 준비할 수 있었습니다.

내 인생의 방향을 틀까 말까 하는 중요한 선택을 할 때는 반드시 사전에 반복해서 경험해보고 느껴봐야 합니다. 그것도 한순간, 한두 번이 아니라 긴 시간을 가지고 여러 번 경험해 보고 느껴봐야 낯선 상태에서 보이지 않던 것들이 보입니다. 막 사랑을 시작할 때, 막 여행지에 도착했을 때는 설렘에 들떠 실상을 잘 못 보고, 잘 못 느끼는 경우가 많습니다.

새로운 분야에 관심이 생겼다고 해서 지금 하고 있는 일에서 갑자기 두 발을 쭉 뽑아 새로운 분야로 뛰어들 수는 없습니다. 관심만 생겼지 아직은 미지의 분야인데 무턱대고 과거를 정리하고 새 길로 뛰어드는 것은 너무 무모하고 위험하기 때문입니다.

바로 이때 내꿈오작교들을 통해 도움을 받아야 합니다. 직접 경험해보는 것만큼은 아닐지라도 내꿈오작교들에 의해 시간을 가지고 반복해서 읽어보고, 만나보고, 들어보고, 느껴보면 이 길이 내 길인지 아닌지 판단하고 선택할 수 있을 것입니다. 게다가 이렇게 쌓은 많은 간접 경험과 그 과정에서 쌓은 좋은 인연들은 이후 내꿈에 몰입하고 내꿈을 이루는데도 큰 도움이 됩니다.

이상에서 이야기한 '꿈의 공식 = 내꿈탐색법 × 내꿈오작교'를 좀 더 쉽게 이해하고 바로 적용할 수 있도록 정리해보면 아래와 같습니다. (책, 사람, 세미나, 커뮤니티를 통한 내꿈탐색기, 내꿈준비기, 내꿈몰입기의 기간 및 책, 사람, 세미나, 커뮤니티의 수량은 이해를 돕기 위해 제가 생각하는 최적 안을 제시한 것임으로 독자께서는 자신의 현재 상황과 여건, 지식과 경험의 깊이에 따라 조절해서 적용하시기 바랍니다.)

첫째, 내꿈탐색법에서 이야기하는 3가지 시기의 길이는 아래와 같다. - 내꿈탐색기: 3년 - 내꿈준비기: 2년 - 내꿈몰입기: 5년

둘째, 내꿈탐색기, 내꿈준비기, 내꿈몰입기 모두 책, 사람, 세미나, 커뮤니티를 통해 내꿈을 탐색하고, 내꿈을 준비하고, 내꿈에 몰입한다. 수량은 분기 기준으로 내꿈 관련 책 1권 독서, 사람 1명 만남, 세미나 1회 수강, 커뮤니티 1회 활동을 기준으로 한다.

셋째, 내꿈탐색기에는 3개 분야를 동시에 검토한다. 3개 분야는 어떻게 선정할 것인가? 내 과거 속에 그 단서가 숨어있다. 비록 흔들리고 방황했던 세월이었더라도 수년 혹은 수십 년간의 과거 속에

내가 좋아해서 또는 내가 잘해서 반복적으로 시도했던 일들이 있을 것이다. 그중에서 미래에도 시장이 있을 것 같은 분야 3개를 골라라.

만일, 현재 어떤 분야에 종사하고 있는 직장인이라면 현재 분야를 검토 분야 중 하나로 나머지 두 개 분야는 과거 단서 속에서 추출해도 좋다. 만일, 현재 중고등학생이라면 3가지 정도 전공할 분야를 선정한 다음 책, 사람, 세미나, 커뮤니티를 통해 간접 경험해본다. 만일, 현재 대학생이라면 현재 전공 분야 1개와 다른 분야 2개를 선정한 다음 책, 사람, 세미나, 커뮤니티를 통해 간접 경험해본다.

넷째, 3년간 3개 분야를 책, 사람, 세미나, 커뮤니티를 통해 간접 경험하다 보면 자신의 선택과 판단에 의해 내꿈 분야를 알아차릴 수 있을 것이다. 3년간 3개 분야를 제시한 기준대로 실행하면 각 분야 관련 책 12권, 사람 12명, 세미나 12회, 커뮤니티 12회의 간접 경험이 쌓이게 된다.

이처럼 세밀한 검토 과정을 거치면 그 자체로 엄청난 성장 효과가 있으므로 3년 후에 내꿈 분야를 찾지 못했다면 또다시 3년간 3개 분야를 같은 순서로 간접 경험해도 좋다. 6개 분야를 이렇게 거치고 나면 무엇이든 할 수 있는 지식과 경험과 인연이 쌓여 있을 것이다. 게다가 아직 젊지 않은가?

다섯째, 내꿈탐색기를 통해 내꿈 분야를 선택했으면 그다음은 내꿈준비기다. 준비방법은 역시 책, 사람, 세미나, 커뮤니티를 통해

서다. 다만, 3개 분야가 1개 분야로 줄었으므로 책과 사람과 세미나와 커뮤니티를 1개 분야로 집중한다. 내꿈준비기를 2년으로 잡았을 때 내꿈 관련 분야의 책 24권, 사람 24명, 세미나 24회, 커뮤니티 24회의 간접 경험이 쌓이게 된다. 내꿈탐색기 3년 동안의 실적을 더하면 5년간 내꿈 관련 분야 책 36권, 사람 36명, 세미나 36회, 커뮤니티 36회의 간접 경험이 쌓이게 된다.

여섯째, 이제는 뛰어들어 실행할 단계인 내꿈몰입기다. 5년간의 치밀한 간접 경험 후 확신이 들면 뛰어들던가 그게 아니라면 이때라도 방향을 틀어야 한다. 그리고 다시 내꿈탐색기, 내꿈준비기를 책, 사람, 세미나, 커뮤니티를 통해 돌리면 된다. 다만 이미 한번 거쳐왔기 때문에 정식 마라톤이 아니라 단축 마라톤으로 줄여서 돌려도 될 것이다. 예를 들면, 내꿈탐색기 2년, 내꿈준비기 1년 정도로 말이다.

그런데, 확신이 들었다면 뛰어들어 몰입해야 한다. 이때도 역시 마찬가지다. 책, 사람, 세미나, 커뮤니티를 지속해야 한다. 그리고 거기서 얻은 간접 경험을 이제는 실제 적용하고 실행해보는 것이다. 내꿈몰입기를 5년으로 잡으면 이 기간 동안 또다시 내꿈 관련 분야 책 36권, 사람 36명, 세미나 36회, 커뮤니티 36회 간접 경험을 쌓고 그것을 실제 실행해본 직접 경험까지 쌓이면 달인이 되지 않겠는가?

말콤 글래드웰이 『아웃라이어』에서 주장한, 달인이 되는 데 필요한 1만 시간까지는 되지 않더라도 그에 못지않은 효과를 거둘 수 있을 것이다. 게다가, 이처럼 살다 보면 그 과정에서 수많은 내꿈멘토, 내꿈친구를 내 사람으로 만들어 큰 지혜와 자극, 도움까지도 얻을 수 있으니 말이다.

그 뒤에는 성공과 행복이 기다린다. 위와 같이 책과 사람과 세미나와 커뮤니티에 의해 내꿈탐색기, 내꿈준비기, 내꿈몰입기를 진지하고, 충실하게 거쳐왔다면 성공과 행복은 가을의 결실만큼이나 당연한 결과다.

섬세한 분은 느끼셨을지 모르지만 이상에서 언급한 책, 사람, 세미나, 커뮤니티 회수는 월 1권, 월 1명, 월 1회, 월 1회 기준입니다. 절대 많은 수량이 아닙니다. 내꿈을 위해 한 달에 책 한 권, 사람 한 명, 세미나 1회, 커뮤니티 1회 정도를 간접 경험한다는 것은 절대 많은 투자가 아닙니다.

내꿈에 대한 열망이 강한 분이라면 그 수량을 더 늘릴 수 있을 것이고 그 수량이 늘어난다면 탐색기, 준비기, 몰입기의 기간도 당연히 줄어들 수 있겠지요. 앞에서도 말씀드렸듯 기간과 수량은 제가 직접 경험해 본 결과 보통의 지능과 보통의 의지력을 가진 사람도 한번 해볼 수 있는 정도의 기준을 제시한 것이니 독자께서는 내꿈에 대한 사랑과 열정을 발휘해서 좀 더 욕심을 내 보셨으면 좋겠습니다.

그리고, 독자 주변의 소중한 사람들에게도 이 '꿈의 공식 = 내꿈탐색법 × 내꿈오작교'를 적극 소개해서 누구나 자기만의 꿈을 찾고, 쉽고 즐겁게 몰입할 수 있는 지름길을 알려주시면 좋을 것 같습니다.

3
방향 있게 흔들려야
뿌듯해진다

아시아나항공에서 처음 배치받은 부서는 훈련이 끝난 조종사들의 심사를 담당하는 부서였습니다. 고객을 실어나르는 민간 항공기를 조종하기 위해서는 보통 지상학 교육 후 심사, 비정상 상황에 대한 가상훈련이 가능한 Simulator 훈련 후 심사, 빈 항공기로 하는 Aircraft 훈련 후 심사, 실제 손님들을 태우고 하는 노선비행 훈련 후 심사를 다 마친 후에야 비로소 비행을 할 수 있습니다.

저는 맡은 업무 덕분에 조종실에 자주 드나들 수 있었습니다. 해외 노선자격 심사 때는 국토교통부 심사관을 모시고 항공기에 탑승하여 실제 비행 중 조종실에서 심사가 이루어질 수 있도록 전 과정을 기획하고 진행하고 마무리하는 일을 담당했습니다. 그러다 보니 조종사들의 삶과 일과 꿈을 가까이에서 오랫동안 접할 수 있었

누가 내꿈을 훔쳐 갔을까?

습니다.

조종실에는 FMS_{Flight Management System}라는 장비가 있습니다. 간단히 말하면 비행을 관리하는 시스템입니다. 별을 보고 방향을 가늠하던 시대와 달리 지금은 이 시스템에 의해 현재 비행기가 있는 좌표뿐만 아니라 목적지 좌표도 인식하고 지정할 수 있습니다.

조종사가 FMS에 목적지 공항의 위도, 경도 좌표를 지정한 후 자동비행을 설정하면 비행기가 알아서 현재 위치와 목적 위치를 가늠해서 뜨고 날고 내릴 수도 있습니다. 항공법에서는 기계, 장비가 고장 날 경우를 대비해 조종사가 수동으로 월 몇 회 이상의 이착륙 경험을 유지하도록 규정하고 있습니다. 하지만 자동비행_{AUTO Pilot}을 설정해 두면 조종사보다 부드럽게 뜨고 날고 내린다는 어느 조종사의 자조 섞인 이야기가 생각납니다.

그런데 만일 이 FMS에 목적지 공항을 지정하지 않거나 잘못 지정하고 비행하면 어떻게 될까요? 사고가 나거나 애먼 곳에 도착하게 될 것입니다. FMS에 LA를 목적지로 지정해 놓으면 비행 중에 비바람을 만나 흔들흔들, 갈팡질팡하더라도 가야 할 곳을 명확히 알고 있기 때문에 결국은 제 길을 찾아가게 됩니다. 하지만 LA로 가고 싶다는 생각뿐 목적지를 지정하지 않고 대충 가다가는 출발지에서 1도만 벗어나기 시작해도 알래스카 끝자락이나 남미 끝자락으로 날아가게 될 것입니다.

내꿈이 없을 때는 방향 없이 흔들리며 살았습니다. 당연히 내가 어디로 가고 있는지 알지 못했고 심지어는 관심도 없었습니다. 그저 하루하루 재미를 찾아 놀이나 취미에 빠져 살았습니다. 그런데 놀이나 취미에 빠져 몇 년 살다 보니 문득문득 삶이 허무하다거나 내가 한심하다는 생각이 들곤 했습니다.

반면 내꿈이 생기자 흔들림에도 방향이 생겼습니다. 내꿈을 찾기 위한 흔들림, 내꿈을 이루기 위한 흔들림이었기 때문입니다. 그렇게 책과 사람과 세미나와 커뮤니티에 빠져 몇 년 살다 보니 문득문득 삶이 뿌듯하다거나 내가 기특하다는 생각이 들곤 했습니다.

뒤늦게야 알게 되었지만 남이 나에 대해 느끼는 감정과 평가보다 내가 나에 대해 느끼는 감정과 평가가 훨씬 중요합니다. 놀기 좋아하는 친구들과 놀이와 취미에 빠져있을 때는 분명 자극적인 재미가 더 있었음에도 불구하고 삶이 허무하다거나 내가 한심하다는 생각이 들어 그다지 행복하지 않았습니다. 반면 내꿈을 찾고 준비하고 몰입할 때는 자극적인 재미는 훨씬 덜했지만 삶이 뿌듯하다거나 내가 기특하다는 생각이 들어 진한 행복감이 느껴지곤 했습니다.

두 가지 흔들림을 직접 체험해보니 그 차이를 뼈저리게 느낄 수 있었습니다. 사실 내꿈을 찾은 것도 아니고 내꿈을 찾기 위해 이리 뛰고, 저리 뛰고, 이리 뒤척, 저리 뒤척 한 것뿐인데도 내가 제대로 살고 있다는 그 느낌이 참 좋았습니다. 뭔가 제대로 살고 있다는 그 느낌은 놀이나 취미를 통해 얻는 자극적인 재미와는 그 깊이와 질감이 확연히 달랐던 것입니다.

내꿈을 찾은 다음에는 더 말할 나위도 없습니다. 일단 흔들리는 빈도와 범위가 급격히 줄어들었습니다. 내꿈이라는 목적지가 명확히 보이기 때문에 어지간한 유혹에는 흔들리지도 않았지만 어쩌다 흔들리다가도 금방 제자리로 되돌아왔습니다.

게다가 놀이와 취미에 빠져 살던 때는 늘 놀이와 취미로 유혹하던 친구들이 주변에 가득해서 그들이 만들어내는 집단 유혹의 기운이 제 의지력을 무너뜨리는 경우가 많았지만 내꿈을 향하고서부터는 자기 꿈에 집중하고 몰입하는 사람들이 주변에 몰려들어 흔들리는 제 의지력을 오히려 보충해주고 보완해주는 경우가 많았습니다.

내꿈을 찾는 여정에서도, 내꿈을 이루어가는 여정에서도 흔들리기 마련입니다. 방향 없이 흔들릴 때는 저도 제 의지력 탓을 참 많이 했습니다. 전날 밤에 반성해놓고 바로 다음 날 유혹에 빠지곤 했으니까요. 방향 없이 흔들리고 있는 사람은 유혹의 밥입니다.

하지만 그런저런 과정을 다 거쳐보니 흔들리는 것이 의지력 때문만은 아니었습니다. 철인이 아닌 이상 누구나 흔들리며 살고 있더군요. 다만 방향이 있고 없고에 따라 흔들림의 빈도와 범위가 큰 차이가 난다는 것을 체험을 통해 알게 되었습니다. 즉, 흔들림의 문제는 내 의지력이 없어서라기보다 내꿈이 없어서 발생하는 문제인 것입니다.

정말 한심하게 이리 흔들, 저리 흔들 살던 사람이 어느 날 갑자기 무언가에 푹 빠져 전혀 다른 사람이 된 경우는 대부분 그의 가슴이 진짜 원하는 꿈을 찾았을 때였습니다. 청소년들의 꿈이 사라진 이 시대에도 스타를 꿈꾸는 아이들은 누가 시키지도 않았는데도 밤을 지새우며 스스로 땀과 눈물을 쏟아내듯 말이지요.

그러니 중요한 것은 내가 방향 없이 흔들리고 있는 것인지, 무언가를 향해 흔들리고 있는 것인지 알아차리는 것입니다. 누구나 흔들리며 살고 평생 흔들리며 사는 것이 인간의 자연스러운 모습입니다. 나의 흔들림이 방향 없는 흔들림인지 아니면 방향 있는 흔들림인지 알아차리는 것이 세월이 흐른 뒤에 내가 내삶을 한심하게 느끼게 될 것인지 반대로 내삶을 뿌듯하게 느낄 것인지를 판가름하는 시발점이 될 것입니다.

누가 내꿈을 훔쳐 갔을까?

심봤다

지금도 소풍 때 하고 있는지 모르지만 제가 초등학교, 중학교 다닐 때는 소풍 때마다 '보물찾기' 게임을 했습니다. 사실 보물찾기에 성공했을 때 주는 선물은 그다지 보잘 게 없었습니다. 그럼에도 보물찾기는 소풍 날 아이들이 가장 즐거워하는 놀이 중 하나였습니다.

'보물찾기, 시~작!'이라는 선생님의 외침과 함께 수많은 아이들이 다른 친구들보다 빨리, 많이 찾고 싶어 소리를 지르며 이리 뛰고, 저리 뛰고 난리가 납니다. 여기저기서 '찾았다!'라는 외침이 들리기 시작하면 마음이 더 급해집니다. 질투 반, 부러움 반으로 몸이 빨라지고 눈동자가 빨라집니다. 남들은 찾는데 나만 못 찾을까 봐 가슴이 조여오기 시작합니다.

돌무더기 한 귀퉁이에 종이 끝자락이 빠끔히 얼굴을 내밀고 있습니다. 화들짝 놀라 주변을 휙 둘러봅니다. 가까이에 다른 친구가 있으면 휙 낚아채 갈 수도 있기 때문입니다. 주변에 아무도 없는데도 마치 뺏길세라 얼른 줍고 바로 외칩니다. '찾았다~~~!'

사실 아무도 귀 기울여 들어주지 않습니다. 친구들도 저마다 보물을 먼저 찾기 위해 '찾았다!'라는 소리보다 더 빨리 움직이려고 혈안이 되어있으니까요. 하지만 누가 들어주든 말든 보물을 찾아 친구들에게 자랑하고 외치는 내 기분은 하늘을 너울너울 날아갑니다. '친구들아 부럽지!' 하면서 말이지요.

누군가 우스갯소리로 그러더군요. '인간은 배고파서 죽는 사람보다 배 아파서 죽는 사람이 많다.' 무슨 말이냐면, 굶어서 죽는 사람보다 남이 잘되는 것이 배가 아파서 죽는 사람이 더 많다는 것입니다. '사촌이 논을 사면 배가 아프다'는 말처럼 말이죠. 질투나 부러움 때문에 죽기까지야 하지는 않겠지만 인간의 본성 속에 숨어 있는 비교 감정이 얼마나 강한지를 잘 보여주는 말입니다.

저도 얼마나 배가 아팠는지 모릅니다. 나는 못 찾고 친구만 찾은 그 하찮은 종이 쪼가리 때문에 얼마나 배가 아프고 부러웠던지 몇 십 년이 지난 지금까지도 그때의 그 느낌이 느껴질 정도입니다. 그 종이 쪼가리를 찾은 대가로 친구들 앞에서 받은 노트는 노트가 아니라 그야말로 보물이었습니다.

　　　　　　　　　　누가 내꿈을 훔쳐 갔을까?

"심봤다!"

첩첩산중을 헤매다 산삼을 찾은 심마니의 외침입니다. 아이들이 보물찾기 게임에서 외치는 "찾았다!"와 같은 기쁨과 설렘도 담겨 있지만 '심봤다!'에는 훨씬 묵직한 성취감과 안도감이 묻어 있습니다.

초근목피草根木皮로 근근이 살아가고 있는 내 처자식을 배부르게 먹이고 행복하게 해줄 수 있다는, 뭐라 말로 표현하기조차 힘든 행복감, 성취감, 안도감이 '심봤다!'에 실려있습니다.

목욕하던 아르키메데스를 알몸으로 거리로 뛰어나가게 했던 "유레카!"에도 비슷한 느낌과 감정이 담겨 있습니다. 왕관을 선물로 받은 시칠리아의 히에론왕이 그 왕관이 순금으로 만든 것인지 아니면 은이 섞인 왕관인지 알아내라 했으니 아르키메데스에게는 목숨이 걸린 문제였을 것입니다.

왕관을 녹이거나 망가뜨려야 알아낼 수 있는데 그럴 수도 없고 해서 긴장과 공포와 두려움 속에서 고민하던 아르키메데스가 자신이 욕조 물속에 들어가자 수위가 높아지는 것을 보고 해결책을 발견하자 외친 말이 '유레카!'라는, 우리말로 '알아냈다!'라는 외침입니다.

어쩌면 '알아냈다!'보다 '살았다!'라고 외치는 것이 맞을지 모르겠습니다. 아르키메데스에게는 왕관이 순금인지 아닌지 알아내는 것이 살게 될지 죽게 될지를 판가름하는 일이었으니까요. 보물찾기의 '찾았다!'라는 외침이나 심마니의 '심봤다!'라는 외침보다 훨씬 긴박하고 강렬한 외침이 '유레카!'일 것입니다.

이처럼 '찾았다!', '심봤다!', '유레카!' 이야기를 장황하게 늘어놓는 이유는 내삶의 존재 이유를 찾은 것이 제게는 저 3가지 외침 못지않게 중요하고 기쁘고 의미 있는 일이었기 때문입니다. 이 글을 읽고 계시는 독자들도 남이 보물을 찾았다느니, 산삼을 찾았다느니, 살길을 찾았다느니 외치는 것보다 내가 내꿈을 찾은 것이 훨씬 중요하고 기쁘고 의미 있을 것입니다.

인터넷전문가, 마케팅전문가, 교육전문가를 9년 동안 전전했습니다. 진짜 내꿈이 어디 숨어 있는지 찾고 싶어 뒤척뒤척 책을 뒤지고, 사람을 뒤지고, 세미나를 뒤지고, 커뮤니티를 뒤지고 다녔습니다. 진짜 내꿈의 단서가 어디에 숨어 있는지 찾고 싶어 내 과거를 뒤지고, 내 현재를 뒤지고, 내 미래를 뒤지곤 했습니다.

'인간은 생각하는 동물이다'라는 말이 있듯이 인간은 타인을 통해서도 나를 볼 수 있고 내 과거와 현재와 미래를 통해서도 나를 볼 수 있기 때문입니다. 흔들리고 방황했던 내 과거의 여기저기에 부모님의 반대, 선생님의 강요, 사회의 유혹 때문에 주저하고 포기하면서도 끊임없이 생각하고 시도했던 내꿈의 단서들이 숨어 있었습니다.

누가 내꿈을 훔쳐 갔을까?

내가 살아가고 있는 현재와 앞으로 살아갈 미래에 대한 내 생각과 상상 속에도 내꿈의 단서들이 숨어 있었습니다. 나와 다른 시공간에서 자기만의 꿈을 찾아 열심히 살아가고 있거나 살다 간 사람들의 삶 속에도 내꿈의 단서들이 숨어 있었습니다.

'구하라 구하리라'라는 말씀처럼 찾으려고 하니 온 우주에 내꿈의 단서들이 있는 것 같았습니다. 내꿈을 찾게 해주는 단서들도 있었고, 내꿈을 이루게 해주는 단서들도 있었습니다. 소풍날 '보물찾기'는 지지리도 못해 늘 배가 아팠던 저였지만 진지하고 정성스럽게 찾았더니 내꿈은 찾을 수 있었습니다.

제가 찾은 제 삶의 존재 이유 즉 사명은 '누군가의 꿈이 현실이 되도록 돕는 삶'입니다. 제 사명을 담은 저의 브랜드 네임은 '드림마에스트로Dream Maestro'입니다. 꿈의 거장, 꿈의 지휘자, 꿈의 달인이 되고 싶습니다. 말로만 "꿈★은 이루어진다!"고 외치던 사람들이 진짜 내꿈을 찾고 준비하고 몰입할 수 있게 도와주고 싶습니다.

내꿈이 없는 아이들과 젊은이들 그리고 그들에게 자기실천 기반의 꿈을 알려주고 끌어주고 밀어주어야 할 부모, 스승, 선배, 상사들에게 내꿈을 어떻게 찾고 준비하고 몰입하는 것이 좋은지 지혜도 나눠주고 실천할 수 있는 자극도 나눠주고 싶습니다.

제 가까이에서는 아무도 알려주지 않아 저는 나 홀로 울며불며 내꿈을 찾아 헤맸습니다. 하지만 저는 진짜 내꿈을 원하는 누군가의 곁에서 그의 진북여행True North Journey에 가이드 겸 멘토가 되어주고 싶습니다. 내꿈을 찾아 몰입하는 과정에서 시도 때도 없이 '찾았다!', '심봤다', '유레카!'를 외치는 그 가슴 떨리는 삶을 선물해 주고 싶기 때문입니다.

제4장

두근두근;
내가 찾은 내꿈에 두근두근

1
꿈에도
서열이 있다

사람들에게 "꿈이 뭐에요?"라고 물어보면 보통 4가지 꿈을 이야기합니다. 사명적 꿈을 이야기하는 사람도 있고, 직업적 꿈을 이야기하는 사람도 있고, 경제적 꿈을 이야기하는 사람도 있고, 버킷리스트를 이야기하는 사람도 있습니다.

독자님도 한번 실험 삼아 해보세요. 자기 꿈이 무엇인지도 한번 적어보시고, 주변 사람들에게도 꿈을 물어보시는 겁니다. 꿈이 없는 사람도 많지만 꿈을 가진 사람도 사명적 꿈, 직업적 꿈, 경제적 꿈, 버킷리스트 중 하나를 대답할 것입니다.

학교 선생님이시라면 칠판에 4종류의 꿈 칸을 그려놓고 학생들의 꿈을 4개의 칸에 적은 다음 함께 수량을 헤아려보십시오. 우리는 모든 꿈을 '꿈'이라는 한 단어로 뭉뚱그려 표현하고 있지만 꿈에도 다양한 종류가 있다는 사실을 깨닫게 해줄 수 있을 것입니다. 그리고 그 꿈들의 개념과 차이, 위계서열까지 알려준다면 그때야 비로소 아이들이 자기만의 꿈을 스스로 찾을 수 있는 준비가 된 것입니다.

사명적 꿈

'매일 아침 일어나자마자 다음과 같이 결의할 수 있게 해주소서.

나는 지상의 어느 누구도 두려워하지 않을 것이다.

나는 오직 신만을 두려워할 것이다.

나는 누구에게도 악한 마음을 품지 않을 것이다.

나는 누가 뭐래도 불의에 굴복하지 않을 것이다.

나는 진실로 거짓을 정복할 것이다.

그리고 거짓에 항거하기 위해선 어떤 고통도 견디어 낼 것이다.'

간디의 사명선언서입니다. 진실한 세상을 만들기 위해 그 어떤 고통도 감내하겠다는 그의 각오가 넘치는 사명선언서입니다. 그리고 그는 실제 그 사명을 실행에 옮겼습니다. 전 세계 수많은 사람들에게 큰 감동과 자극을 준 대표적인 사명선언서 중 하나입니다.

'누군가의 꿈이 현실이 되도록 돕는 삶'

'드림마에스트로'

제가 찾고, 정의한 제 사명입니다. 감히 위대한 간디에 견줄 수 없는 평범한 사람이지만 저는 간디의 삶과 꿈보다 제 삶과 꿈이 더 소중합니다. 언젠가 이 세상을 떠나는 그 날 제가 제 삶과 꿈을 돌아보았을 때 가치 있고 아름다운 삶과 꿈이었기를 소망하고 열망합니다. 가치 있는 내삶과 내꿈은 가치 있는 사명의 실천에서 비롯됩니다.

사명적 꿈은 주로 세상을 위해 어떤 기여를 하고 싶다는 꿈입니다. 평생 추구해야 할 고귀한 가치입니다. 이기적인 지위, 명예, 금전보다 이타적인 가치와 의미에 중점을 둔 꿈입니다. 다다르기 위한 꿈이 아니라 향하기 위한 꿈입니다. 그래서 완수했을 때의 성취감이 아니라 그 꿈을 향해가는 과정에서의 설렘과 기쁨과 보람과 성장을 선물해 주는 궁극의 꿈입니다.

인간은 사명의 실천을 통해 세상과 세상 사람들을 돕기도 하지만, 그처럼 이타적이고 고귀한 가치를 실천하는 자신을 보며 자기효능감 自己效能感, 자신이 어떤 일을 성공적으로 수행할 수 있는 능력이 있다고 믿는 기대와 신념과 자아존중감 自我尊重感, 자신이 사랑받을 만한 가치가 있는 소중한 존재이고 어떤 성과를 이루어낼 만한 유능한 사람이라고 믿는 마음을 되돌려 받습니다.

인간의 문명은 가치 있는 사명의 실천을 통해 세상을 이롭게 하고 그 과정을 통해 얻은 보람과 기쁨의 에너지로 끊임없이 자기성장을 거듭하고 그 성장의 결과물을 또다시 세상과 나누는 사람들이 만들어가는 역사입니다. 즉, 가치 있는 사명의 실천을 통해 세상도 이롭게 하고 자신도 이롭게 하는 선순환이 풍요로운 인간 세상을 만든 것입니다. 사명이 없었다면 인간 세상도 동물 세상과 별반 다르지 않았을 것입니다.

직업적 꿈, 경제적 꿈에는 단계가 있고 꿈 너머 꿈이 있어야 합니다. 하지만 사명적 꿈에는 단계도 없고 꿈 너머 꿈도 없습니다. 하늘에 떠 있는 북극성처럼 평생 다다를 수는 없지만 평생 향해가야 할 유일무이한 좌표이기 때문입니다. 그래서 사명을 내삶의 존재 이유라고 표현하기도 합니다. 직업적 꿈과 경제적 꿈은 내삶의 존재 이유인 사명적 꿈으로 가는 여정이자 징검다리입니다.

직업적 꿈

"아들! 커서 뭐가 되고 싶어?"

"음…. 대통령!"

"어느 대학 가고 싶어?"

"서울대!"

우리 주변에서 가장 흔하게 듣는 꿈입니다. 4가지 꿈 중에서 가장 빈번하게 등장하는 꿈이 직업적 꿈입니다. 물론 중요한 꿈입니다. 사명의 실천은 대부분 직업적 꿈을 통해 이루어지니까요. 어릴 때는 직업적 꿈 자체에 대해서도 주체할 수 없는 열망과 설렘을 느끼기도 합니다. 각종 노래 배틀 프로그램에서 아이돌이 되고 싶은 청소년들의 뜨거운 열망과 설렘을 자주 느낄 수 있듯이 말이지요.

하지만 특정 직업인이 되는 것이 인생 전체를 아우르는 궁극의 꿈이 될 수는 없습니다. 한때 스타였지만 무대에서 밀려나자 암울하고 씁쓸한 인생을 사는 사람, 비극적 결말을 자초하는 사람 등이 있듯이 특정 직업 자체가 유일무이한 꿈이 되면 위험하고 아슬아슬합니다.

박진영 씨가 집사부일체에 출연해서 "어릴 때는 위치를 꿈으로 삼았는데 너무 일찍 그 위치에 다다르고 나니 허무하고 당황스럽더라. 그래서 인간은 위치가 아니라 가치를 추구해야 하는 것 같다."라고 하더군요. (박진영 씨의 해당 동영상을 검색해서 꼭 시청해 보시기를 권해드립니다)

저는 위치는 직업적 꿈과 경제적 꿈을 의미하고 가치는 사명적 꿈을 의미한다고 생각합니다. 평생 추구해야 할 가치가 사명적 꿈이고, 직업적 꿈은 그 사명적 꿈을 효과적, 효율적으로 실행하기 위해 내게 필요한 지식과 기술을 키워가는 과정입니다. 그래서 직업적 꿈에는 단계가 있고 꿈 너머 꿈이 있어야 합니다. 어느 고등학교 학생이 되고, 어느 대학의 무슨 학과 학생이 되고, 어떤 회사에 가서 어떤 업무의 전문가가 돼서 세상과 세상 사람들을 이롭게 하는 내 사명을 실천하겠다. 이것이 바람직한 직업적 꿈의 경로이자 사명적 꿈을 위해 중간, 중간 달성해 가야 할 내 직업적 꿈들의 위치입니다.

그렇다고 반드시 사명을 먼저 찾은 다음 관련 직업을 찾아야 한다고 생각하지는 않습니다. 물론 사명을 먼저 찾은 다음 관련된 직업을 찾는 것이 바람직한 순서이긴 하지만 실제 살아보니 삶이 꼭 교과서대로 되는 것이 아니었습니다.

제가 그랬습니다. 사명이 뭔지도 모르는 상태에서 인터넷전문가, 마케팅전문가, 교육전문가라는 직업적 꿈을 전전했습니다. 그러다 교육 분야에서 2~3년이 지나고 나서야 가슴 떨리는 사명적 꿈을 만났습니다. 즉, 어떤 분야에 전문가가 되기 위해 열심히 분투하는 과정에서 '아, 이 직업을 통해 세상과 세상 사람들을 이롭게 해줄 수 있겠구나!'라는 확신이 들었습니다.

그래서 '사명은 변하지 않는다'라거나 '사명을 먼저 찾은 다음 관련 직업을 선택해야 한다'라는 통속적인 정의에는 동의하지 않습니다. 사명이 아무리 중요하다 해도 그 사명의 주인인 사람보다 중요할 수는 없기 때문입니다. 내 생각과 상황의 변화에 따라 사명 역시 변경할 수 있고 어떤 일을 열심히 하던 중 그 일에서 뒤늦게 사명감을 느낄 수도 있습니다.

누가 내꿈을 훔쳐 갔을까?

경제적 꿈

"50세 30억!"

40세 즈음에 제 절친에게 꿈을 물었더니 돌아온 대답입니다. 대표적인 경제적 꿈입니다. 부자가 되고 싶다, 얼마를 모으고 싶다, 몇 살까지 몇 층 빌딩을 가지고 싶다 등등 주로 돈 또는 부자 관련 꿈입니다.

직업적 꿈과 마찬가지로 경제적 꿈도 단계가 있고 꿈 너머 꿈이 필요한 꿈입니다. 유대인들이 13세 때 가족, 친지들이 준 성인식 축하금을 스스로 굴려 돈도 불리고 경험도 쌓아 20대 때는 얼마 정도의 자산을 형성하고 대학 졸업 후 사회에 진출할 때까지는 얼마를 모으고 결혼할 때는 얼마를 모으겠다는 식의 단계별 자산 목표가 있듯이 말이죠.

직업적 꿈과 마찬가지로 경제적 꿈도 사명적 꿈을 실천하기 위한 도구입니다. 대부분 사명은 추상적 표현으로 정의된 가치이기 때문에 그것을 현실에서 실행하기 위해서는 일과 돈이 필요하기 때문입니다. 어떤 사람은 자신의 일에 의해 세상을 이롭게 하는가 하면 어떤 사람은 돈에 의해 세상을 이롭게 하기도 하고 어떤 사람은 일과 돈을 모두 동원해서 세상을 이롭게 하는 사람도 있습니다.

물론, 직업적 꿈과 경제적 꿈이 사명만을 위한 것은 아닙니다. 사명보다 더 중요한 것이 자신과 가족의 생계와 생활이니까요. 실제 '사명 따위 관심 없다' 혹은 '사명이 뭔지 몰라'하며 자신과 가족의 부귀영화만을 위해 일하고 돈을 버는 사람도 많습니다. 남을 등치고 사기를 치지만 않는다면 오로지 자신과 가족을 위해 일을 하고 돈을 번다고 해서 나쁘다고 말할 수는 없습니다.

다만 인간의 본성 속에는 자신이 가치 있는 존재라는 것을 느끼고 싶은 본능, 누군가를 이롭게 해주고 싶은 본능, 그리고 그러한 과정을 통해 돌아오는 인정과 존경을 통해 기쁨과 보람을 느끼고 싶은 본능이 있으니 그러한 자아존중감, 자기효능감, 자아실현감을 느끼고 싶다면 직업적 꿈과 경제적 꿈의 일부는 사명적 꿈을 위해 할애해 보셨으면 합니다.

버킷리스트

'크루즈 세계 일주'

'집필실이 딸린 주택'

'피아노 배우기'

'캠핑카 전국 일주'

'융프라우 가족여행'

제 버킷리스트 중 일부입니다. 사람들에게 꿈을 물으면 버킷리스트를 이야기하는 사람들도 많습니다. 실제 꿈과 관련된 책이나 강의에서 버킷리스트를 다루는 경우도 많고요. 하지만, 버킷리스트는 사명적 꿈, 직업적 꿈, 경제적 꿈과는 개념과 성격이 좀 다릅니다.

버킷리스트는 꿈Dream으로 분류하기보다는 희망Hope으로 분류하는 것이 맞을 것 같습니다. 3가지 꿈을 위해 열심히 사는 나에게 주는 선물 같은 것이 버킷리스트입니다. 직업적 꿈을 위해 열심히 일하는 나에게 주는 포상, 휴식, 여유일 수도 있고, 경제적 꿈을 위해 열심히 모은 돈으로 가고 싶은 곳을 가보고, 하고 싶은 것을 해보고, 갖고 싶은 것을 가져보고, 되고 싶은 것을 돼보는 것이 버킷리스트입니다.

즉, 사명적 꿈과 직업적 꿈과 경제적 꿈을 실천하는 과정의 중간중간 휴식과 재충전을 위해서 버킷리스트를 실행하는 경우도 있고, 3가지 꿈 중에서 한 가지 꿈의 특정 단계를 달성했을 때 그 달성에 대한 포상과 달성의 표식으로 버킷리스트를 실행할 수도 있을 것입니다.

정리하자면, '꿈에도 서열이 있다'는 것입니다. 우리는 '꿈'이라는 한 단어로 뭉뚱그려 이야기하고 있지만 꿈에도 종류가 있고, 위계가 있기 때문에 각각의 꿈의 개념과 가치의 차이를 이해하고, 관계와 구조를 이해해야만 나에게 어울리는 꿈들을 제대로 찾을 수 있다는 것입니다.

사명적 꿈을 찾은 다음 직업적 꿈과 경제적 꿈을 설정하는 것이 가장 좋겠지만 만일 그렇게 되지 않았다 하더라도 직업적 꿈과 경제적 꿈을 위해 노력하는 과정에서 나는 어떤 사명을 가지고 세상을 이롭게 할 수 있을까 고민해봐야 한다는 것입니다.

세상을 이롭게 하는 사명 따위 관심이 없다면 모를까, 나 혼자만 잘 먹고 잘사는 것이 아니라 뭔가 의미 있고 가치 있는 일도 해보고 싶다면 이와 같은 4가지 꿈의 개념과 관계에 대한 이해가 먼저입니다.

2

꿈 너머 꿈 너머 꿈꿈꿈

앞 절 '꿈에도 서열이 있다'는 이야기에 이 절 '꿈 너머 꿈' 이야기까지 섞어 넣을까 말까 고민을 많이 했습니다. 이야기의 주제가 모두 꿈이기 때문에 원래는 꿈의 특성을 한꺼번에 이야기하는 것이 맞기 때문입니다.

하지만, 꿈의 종류가 4개인데 각 꿈마다 개념이 이렇게 저렇게 다르고 4개의 꿈의 관계도 이렇게 저렇게 서열이 있다는 이야기만으로도 낯설고 복잡한 이야기여서 부득이 분리해서 이야기를 나눠볼까 합니다.

앞에서, '사명적 꿈에는 단계가 없다'라는 이야기를 했습니다. 단계가 없다는 것은 꿈 너머 꿈이 없다는 의미입니다. 사명은 4가지 꿈 중에서 가장 상위의 꿈으로, 흔히 '내삶의 존재 이유'라고 표현하기도 합니다. 영어로는 'Mission'이라 표현하기도 합니다.

사명은 내삶의 존재 이유라는 표현에서 느낄 수 있는 바와 같이 내삶 전체를 통해 실천해도 다다를 수 없는, 세상을 이롭게 하는 큰 가치이기 때문에 중간, 중간 이루어야 할 중간 목표의 개념이 없습니다. 심지어 어떤 책이나 강의에서는 절대 변할 수 없는 내삶의 절대 가치로 정의할 정도로 유일무이한 삶의 좌표이기 때문입니다.

제가 앞 절에서 말씀드렸던 것처럼, 개인적 생각으로는 제 사명의 주인은 바로 저이기 때문에 제 생각과 상황이 바뀌면 사명을 바꿀 수 있다고 생각합니다. 즉, 사명은 단계는 없지만 변경은 가능하다는 것입니다.

반면, 직업적 꿈과 경제적 꿈은 다릅니다. 갑자기 세계 최고의 직업인이 될 수 없고 세계 최고의 갑부가 될 수 없기 때문에 최고의 직업인 또는 최고의 갑부가 되는 과정의 중간, 중간에 작은 목표들이 있어야 합니다.

어느 고등학교에 가고 싶다는 꿈이 이루어진 다음에는 어느 대학교의 어느 학과를 가고 싶다는 꿈 너머 꿈이 필요합니다. 꿈꾸던 대학을 가든 못가든 대학을 간 다음에는 대학 이후에는 어느 회사에 입사할 것인지, 대학원을 갈 것인지, 유학을 갈 것인지 등의 꿈 너머 꿈이 필요합니다. 회사원, 대학원생, 유학생이 된 다음에는 또 그다음 단계의 꿈이 필요하고요.

이렇게 직업적으로 뭔가가 된 이후에는 그다음 단계의 직업적 꿈을 목표로 설정한 다음 계획하고 실행해 가는 것이 직업적 꿈의 여정입니다. 그 과정 중간에 사명을 찾아 자기 일로서 사명을 실행할 수도 있고 열심히 사는 자신에게 주는 포상과 여가로서 버킷리스트도 이루면서 살아가게 됩니다.

사명을 가지고 특정 직업에 들어설 수도 있고 특정 직업에 들어서서 사명을 만날 수도 있습니다. 혹은 어떤 계기로 사명을 완전히 바꿀 수도 있고 어떤 계기로 직업을 바꿨다가 사명을 바꾸는 사람들도 많이 보았습니다.

미스코리아 진 출신의 하버드 졸업생인 금나나의 『네버엔딩 스토리』를 보면 하버드 의과대학원 학생이 되기 위해 경북대 의대를 중퇴하고 하버드를 갔는데 의과대학원에는 번번이 낙방해서 다른 길을 선택하게 된 스토리가 나옵니다. 하버드 의과대학원 학생이 되었을 때 선택할 수 있는 사명과 다른 분야로 갔을 때 선택할 수 있는 사명은 분명 다를 것입니다.

어느 것이 좋고 나쁘다거나 높고 낮다거나 하는 이야기가 아닙니다. 전체 인생을 아우르는 유일무이한 가치인 사명을 실행하기 위해서는 꿈 너머 꿈 너머 꿈으로 지식과 기술을 키워가는 단계별 직업적 꿈이 있어야 한다는 사실과 그렇게 가는 과정에서도 예기치 못한 일 또는 난관으로 인해 직업적 꿈에 변화가 생기면 사명적 꿈 역시 바뀔 수 있다는 사실을 인식하고 인정해야 한다는 것입니다. 물론, 최선을 다해 가야 하는 내꿈 길이지만 예기치 못한 상황과 난관, 변화를 대비해서 인생에는 B안이 필요하다는 마음의 준비도 필요하다는 것입니다. 세상과 우주의 기세와 변화를 내 지능과 열정으로 지배할 수는 없기 때문입니다.

경제적 꿈 역시 단계가 필요하고 꿈 너머 꿈이 필요합니다. 처음에는 종잣돈 수준의 자금이 첫 경제적 꿈이라면 이후 몇 살, 몇 년도까지 얼마를 모으겠다거나 어느 정도 규모의 자산이나 부동산을 보유하겠다는 꿈이 필요할 것입니다. 그리고 경제적 꿈이 이루어지고 나면 그다음 꿈 너머 꿈이 필요하고요.

직업적 꿈이건 경제적 꿈이건 죽을 때까지 꿈 너머 꿈을 추구할 것인지 몇 살 정도의 나이가 되면 직업적 성장, 경제적 확장을 중단하고 오로지 세상을 위해 직업적 전문성을 나누고 경제적 부를 나눠도 좋을 것입니다. 실제로 중년의 제 주변에서도 더 이상의 직업적 성장이나 경제적 확장을 추구하지 않고 그동안 쌓아 놓은 전문 지식과 기술, 경제력을 세상을 위해 무료 또는 저렴한 비용으로 나누고 싶다는 분들이 많으십니다.

직업적 꿈과 경제적 꿈을 죽을 때까지 추구할 것인가, 몇 살까지만 추구할 것이냐는 전적으로 본인의 선택이라 생각합니다. 중요한 것은 인간의 정신과 육체가 성장하듯 직업적 꿈과 경제적 꿈도 성장 단계가 있다는 것입니다. 각 성장의 단계를 내가 구체적으로 인식할 수 있도록 무슨 직업, 얼마 금액을 몇 살, 몇 년까지 이루겠다고 설정한 다음 계단을 올라가듯 한단, 한단 올라가야 됩니다. 그렇게 내가 설정한 직업적 꿈과 경제적 꿈을 주변도 살피고 나누면서 오르고 또 오르다 보면 개인적으로 충실한 삶뿐만 아니라 세상을 이롭게 하는 사명감 가득한 삶을 살 수 있을 것입니다. '진정 아름다운 삶'이란 이와 같은 삶이 아닐까 싶습니다.

두 가지 직업;
부유하게 살 것인가 vs.
의미 있게 살 것인가

　　미국 수필 문학의 정수로 뽑히는『월든』은 하버드 대학을 졸업한 27세의 청년, 헨리 데이비드 소로가 월든이라는 숲속에 들어가 살았던 2년 2개월 동안의 삶을 글로 쓴 책입니다.

　　『월든』Walden, or Life in the Woods은 헨리 데이비드 소로의 대표적 수필집이다. 그는 1845년에서 1847년까지 물욕·인습의 사회와 인연을 끊고 월든의 숲속에서 살면서 홀로 철저하고 청순 간소한 생활을 영위하며 자연과 인생을 직시했다. 이 책은 그 생활기록으로서 그의 인간과 사상의 정수를 엿볼 수 있다. 문체 또한 절묘하여 미국 수필 문학의 최고봉이라 할 수 있다. 전 세계적으로 애독되며 특히 톨스토이와 간디에 깊은 영향을 주었다.'

위키백과에 소개된 『월든』에 대한 설명입니다. 대문호 톨스토이, 위대한 간디뿐만 아니라 법정 스님도 자신의 무소유 사상은 소로에게서 비롯되었다고 하셨습니다.

1800년대 말 탄광을 운영하던 부유한 집안에서 태어나 세계 1, 2차 대전 즈음 미국의 대학교수였던 스콧 니어링은 평화를 주장하고 군국주의를 반대하다 교수직과 공직에서 쫓겨나고 책과 강연의 길도 막혔습니다. 그러자 그는 숲속으로 들어가 부인과 농사로 생계를 해결하고 자신이 옳다고 생각하는 가치를 위해 글을 쓰고 강의를 계속했습니다. 그는 100세 때 스스로 곡기를 끊고 자기 삶을 자기 의도대로 마감합니다.

저는 『스콧 니어링 자서전』을 읽으면서 큰 충격을 받았습니다. 100세면 의지력이 약해질 대로 약해질 나이인데 그 나이에 스스로 자기 죽음을 선택한 그의 무서운 의지력에도 놀랐지만 인간의 직업이 무엇인가에 대해서도 많은 생각을 하게 해주었습니다.

숲속에서 농사를 짓고 있을 때의 '소로와 니어링의 직업은 무엇일까요?'

오래전 어느 기사에선가 웹마스터를 하면서 대학교 철학 강의를 하던 강유원 씨에 대한 인터뷰 기사를 본 적이 있습니다. 기자가 묻기를, "강유원 씨 직업은 무엇인가요?"라고 했더니 강유원 씨가 "학문하는 것이 저의 직업입니다!"라고 답을 하더라는 것입니다. 아마도 기자는 당연히 "웹마스터요!"라는 대답을 예상했을 것입니다. 대부분의 사람들은 먹고사는 생업을 직업이라고 생각하니까요.

기자도 뜻밖의 대답에 놀랐겠지만 저도 그 답변에 많이 놀랐습니다. 그리고 문득 '소로와 니어링의 직업은 무엇일까?'라는 생각이 들었습니다. '숲속에서 농사를 짓고 있다고 해서 소로와 니어링의 직업을 농군이라 할 수 있을까?'

이때 제가 정의한 자가명언이 '직업에는 두 가지 직업이 있다. 생계를 위한 직업과 의미를 위한 직업!'이라는 것입니다. 이 꼭지의 제목을 '두 가지 직업; 부유하게 살 것인가 vs. 의미있게 살 것인가'라고 고급스럽게 표현했지만, 사실은 '생계를 위한 직업'과 '의미를 위한 직업'을 이야기하고 싶었던 것입니다. 이 자가명언짓기를 통해 소로, 니어링, 강유원 씨의 직업을 아래와 같은 생각으로 명쾌하게 정의할 수 있었습니다.

'자신을 스스로 만물의 영장이라고 자화자찬하는 인간이 진짜 만물의 영장이 되기 위해서는 먹고 살기 위한 생계직업이 유일하고 본질적인 직업이 되어서는 안 된다. 데카르트가 이야기한 '나는 생각한다. 고로 존재한다'는 인간이라면 내가 존재하는 이유를 생각하고 찾아내어 세상을 이롭게 하는 의미직업이 본질적인 직업이 되어야 한다.

에이브러햄 매슬로도 욕구 5단계를 통해 이 진리를 은유하고 있는 것이 아닐까? 하부 단계는 동물과 인간이 동일하게 가지고 있는 생존과 안전을 위한 본능적 욕구인 반면, 상부 단계는 동물과 달리 인간만이 가지고 있는 존중과 자아실현이라는 고차원적 욕구이니 말이다.

본능적 욕구에만 치중하는 사람은 지배당하거나 망한다. 로마의 백성들처럼 말이다. 예부터 백성을 쉽게 지배하려면 배부르게 해주고 재미있게 해주면 된다고 했다. 탐욕스러운 자들에게 내 소중한 삶과 꿈, 내 영혼과 생각을 지배당하지 않기 위해서는 동물들처럼 아무 생각 없이 먹고 사는 일에만 빠져 살아서는 안 된다.

소로, 니어링, 강유원에게 있어 농사와 웹마스터는 생계를 위한 직업이었고 세상을 이롭게 하는 데 사용하기 위해 학문하는 것이 그들의 의미를 위한 직업이었던 것이다. 그렇다면 나 김상경의 생계를 위한 직업은 무엇이고 의미를 위한 직업은 무엇인가?'

사상이 정의되고 사례가 쌓이자 양이 질로 승화되기 시작했습니다. 이후 수많은 대화와 강의와 집필에서 생계직업과 의미직업에 대해 논하기 시작했고 자신의 삶과 꿈에 대해 막연하게 고민만 하던 수많은 사람들에게 강렬한 영감과 자극을 주었습니다. 여러 가지 사례가 있지만 그중 하나를 소개하면 다음과 같습니다.

지금은 대한항공 조종사로 근무 중이지만 원래는 아시아나항공 조종사로 입사했던 박모 부기장이 신입사원 교육과정에서 제 강의를 듣고 아래와 같은 편지를 보내왔습니다.

7년! 제가 조종사라는 꿈을 찾는 데 걸린 시간입니다. 전 조종사라는 꿈을 찾았고 이룰 수 있는 좋은 기회를 잡았다고 생각했었는데 지금 생각해보니 그 꿈이란 그저 뭘 해 먹고 살지를 말하는 것 같았습니다. 물론 그 꿈이 정말 소중하지만요.^^

하지만 차장님 강의를 듣고 나니까, 단순히 먹고 살 꿈은 찾았지만 내가 평생 추구하고 이루기 위해 노력해야 할 꿈은 아예 찾을 생각조차 못 한 것 같습니다. 말씀하신 대로 지금부터는 진정한 'The Dream'을 찾아 나서야겠습니다.^^

책도 많이 읽고 사람들 생각도 많이 훔쳐봐야겠습니다. 아마 첫 번째 타깃은 차장님이 되실 것 같습니다.^^

이렇게 큰일을 시작할 생각을 할 수 있게 해주셔서 정말 감사드립니다. 앞으로 꿈을 찾아가는 데 힘든 점이 있으면 차장님께 자주 조언 구하겠습니다. 좀 귀찮으실지도 모르겠습니다.^^

운항 인턴 박** 드림

이와 유사한 경험을 해보신 분은 그 느낌을 아시겠지만, 이 편지를 받고 나서 얼마나 기쁘고 보람을 느꼈는지 모릅니다. 내가 누군 가의 삶과 꿈에 크고 바람직한 영향을 주었다는 사실이 당구와 취미를 통해 개인적이고 본능적인 재미를 추구하던 시대 때와는 비교할 수 없는 기쁨, 보람, 성취감, 자기효능감, 자아존중감, 자아실현감 등등 강렬하고 복합적이고 행복한 감정을 선물했습니다.

두 사람 모두 신입사원 과정 때 제 강의를 들었다는 조종사와 승무원이 결혼식 주례를 부탁해서 중역도 아닌 일반 직원이 40대에 결혼식 주례를 서고, 제 강의를 듣던 승무원 교관 후보자가 강의 중에 펑펑 울어 강의가 중단되고, 아시아나항공을 퇴직한 지 몇 년째가 되었는데 스승의 날 아시아나 후배로부터 감사 전화를 받고…. 개인적이고 본능적인 삶을 통해서는 절대로 경험해 볼 수 없는 마약처럼 강렬한 기쁨과 보람을 주었던 사건들입니다.

그리고 보면 가장 '이타적인 의미의 추구'가 어찌 보면 가장 '이기적인 행복의 추구'가 아닌가 싶기도 합니다. 내가 한 언행으로 감동과 감사를 느낀 타인의 인정과 존경과 감사가 깊어지면 깊어질수록 내가 느끼는 자아존중, 자기효능감, 자아실현감은 강렬해지고 이 느낌들은 어지간한 유혹에는 흔들리지 않고 의미 있고 가치 있는 길을 힘차게 달려갈 수 있는 의지력을 무한 공급해주기 때문입니다. 행복한 성공은 그 여정의 끝에 있는 것이 아닐까요?

이리 살고 있는 중에 우연히 '푸름이 독서법'으로 유명한 최희수 님으로부터 시오미 나오키의『반농반X의 삶』이라는 책을 추천받았습니다. 제 '인생의 바이블' 중 한 권이 된 책입니다. 저는 읽은 책의 내용이 너무 좋으면 저자에게 연락해서 만남을 청하는 '작가만남습관'을 키워왔습니다. 연락해서 안 만나주면 어쩔 수 없지만 다행히 대부분의 작가들은 자기 책의 애독자가 만나자고 하면 행복에 겨워서 만나줍니다. 저도 제 책의 애독자로부터 만나자는 연락이 오면 너무 기쁩니다. 아이를 낳는 것처럼 힘들게 쓴 내 책이 헛되지 않았다는 증명을 해주는 일이니까요.

저는 작가만남습관 덕분에『육일약국 갑시다』의 김성호 저자,『들이대DID』의 송수용 작가, 일본까지 건너가서 몇 차례 만난『인맥만들기』의 나카지마 다카시 작가 등을 만날 수 있었습니다.

제가 작가만남습관을 중요시하는 이유는 아무리 감동과 자극이 가득하더라도 글은 추상적이어서 이해의 깊이도 얕고 실천하고 적용하게 만드는 자극도도 낮습니다. 하지만, 그런 책의 작가를 직접 만나게 되면 그 에너지 강도가 수십, 수백 배 증폭돼서 작가가 글로 선물해 준 지혜를 내삶과 꿈에 적용할 확률이 수십, 수백 배 증가됩니다. 1만 원 남짓의 책으로 만날 수 있는 워런 버핏과 직접 만나기 위해 수십억 원을 쓰는 이유 중 하나이기도 할 것입니다.

감동 가득한 책의 저자를 만나게 되면 도대체 어떻게 생긴 사람이 왜, 어떻게 그런 글을 쓰게 된 것인가에 대한 직접적 경험에 의해 내용에 대한 이해도가 깊어질 뿐만 아니라 그 감동과 자극에 대한 구체적인 실감에 의해 내가 내삶에 적용하고 실천할 확률도 훨씬 높아집니다.

『몰입독서』 역시 제 인생의 바이블 중 한 권으로 선정해서 저자인 최희수 씨에게도 연락을 드렸더니, 그분이 아시아나항공 트레이닝 센터로 찾아오셔서 로비에 앉아 새로운 내 인생의 바이블을 선물해 주셨던 것입니다. 그러고 보니『몰입독서』는 3P경영연구소 강규형 대표님이 아시아나항공에 3P바인더 영업차 오셨다가 제게 추천해 준 내 인생의 바이블이네요^^

이렇게 만난『반농반X의 삶』이라는 책은 저의 '생계직업 vs. 의미직업'론에 결론을 지어준 책입니다. 앞에 있는 '반농'은 생계직업을 농업으로 하겠다는 것입니다. 뒤에 있는 '반X'는 의미직업을 무엇으로 할 것인가 방정식처럼 풀어가야 한다는 것입니다.

책 속에서도 헨리 데이비드 소로 이야기가 나오지만 저자 시오미 나오키도 대도시에서 먹고 살기 위해 아득바득 살다가 '이렇게 사는 것은 답이 아닌 것 같다!'라는 생각을 했나 봅니다. 그래서 고향으로 내려가 일상의 반은 농사를 지으면서 나머지 반은 본인이 의미와 가치를 느끼는 일을 하고 있다는 이야기를 하고 있습니다.

하지만 저는 시오미 나오키의 이야기에 일부 오류가 있다고 생각했습니다. 너무 크게 공감하고 너무 감사하는 책이지만 '반농반X'라는 표현은 틀렸다고 생각합니다.

예를 들자면 이런 이야깁니다. 미국 Gold Rush 때 금을 찾아 수많은 광부들이 밀려들었습니다. 하지만, 모든 사람이 광부를 했던 것은 아닙니다. 광부들에게 리바이스 청바지를 팔았던 의류상도 있었고 괭이를 팔았던 농기구상도 있었고, 술을 팔았던 작부들도 있었습니다.

즉, 의미직업만 방정식처럼 놓고 찾을 것이 아니라 생계직업도 방정식처럼 놓고 찾는 것이 맞다는 것입니다. 생계직업도, 의미직업도 사람마다 재능과 관심, 상황과 여건에 따라 제각각이기 때문입니다.

그래서 저는 시오미 나오키의 멋진 정의를 더 발전시켜 저만의 자가명언짓기로 '반X반Y의 삶'이라고 재정의했습니다. 즉, 사람은 누구나 자기의 재능과 관심, 상황과 여건에 맞는 생계직업과 의미직업을 찾기 위해 '나의 반X반Y 찾기'라는 방정식을 늘 염두에 두고 살아야 한다는 것입니다.

독자님의 '반X반Y'는 무엇인가요?

누가 내꿈을 훔쳐 갔을까?

두근두근
내꿈에 취하다

'누군가의 꿈이 현실이 되도록 돕는 삶'

'드림마에스트로 김상경'

　이 사명, 이 브랜드까지 찾아오는데 참 많은 시간이 걸렸습니다. 땀과 눈물도 많이 흘렸습니다. 때로는 흔들흔들 흔들리고, 때로는 휘청휘청 방황도 많이 했습니다. 그런데 갈팡질팡, 빈둥빈둥했던 세월도 제 세월이고 제 시간이었습니다.

　때로는 따르고, 때로는 반항하고, 때로는 빗나가고 하는 수많은 시간과 경험 속에 내꿈의 단서들이 숨어 있었는데 그 사실을 알아차리는 데 시간이 오래 걸렸고 그 단서 중에서 진짜 내꿈을 찾고 결정하는 데 시간이 오래 걸렸습니다.

하지만 가장 중요한 사실을 하나 발견했습니다. 바로 주도성의 위력입니다. 처음에는 회사에서 살아남기 위해 인터넷전문가라는 내꿈을 탐색하기 시작했지만 그 역시 도피와 도전의 갈림길에서 도전을 선택했던 저의 주도성에서 출발한 내삶의 진북여행My True North Journey의 시작이었습니다.

그 이후의 내꿈 탐색, 준비, 몰입 과정은 모두 '내가 주도한 내삶의 진북여행'이었습니다. 그랬더니 내 과거 속에 숨어 있던 내꿈의 단서들이 비로소 보이기 시작했습니다. 현재를 살아가고 있는 내 생각과 말과 행동 속에서도 내꿈의 단서들이 보이기 시작했습니다.

아무런 생각 없이 살았다며 후회하고 자책했던 내 과거 속의 점들이 현재의 점들과 이어지기 시작하고 내 미래의 점들과도 이어지기 시작했습니다. 그 선들이 더해져 면이 되고 그 면들이 더해져 제가 미래에 이루고 싶은 꿈의 행성Dream Planet이 될 것입니다.

내꿈을 탐색하는 데 9년이 걸렸고 3개의 탐색 분야 중 한 분야인 교육 분야에서 드디어 내꿈을 찾았습니다. 이후에는 그 분야의 전문가가 되기 위해 부단히 책을 읽고, 사람을 만나고, 세미나에 참여하고, 커뮤니티 활동을 지속했습니다.

스스로 찾은 내꿈인 만큼 준비단계에서도 두근두근했었고 아시아나항공을 스스로 조기 퇴직한 후 몰입단계에서도 내꿈을 생각하면 두근두근합니다. 이제는 어려움과 난관이 저를 방해해도 재미와 쾌락이 저를 유혹해도 쉽게 흔들리지 않을 자신이 있습니다.

게다가 이제는 제가 어려움과 난관을 잘 이겨낼 수 있도록 물심양면 도와주는 내꿈멘토들과 재미와 쾌락의 유혹에 쉽게 넘어가지 않도록 함께 막아주고 올바른 방향으로 이끌어주는 내꿈친구들이 주변에 가득합니다. 정처 없이 혼자 흔들릴 때보다는 훨씬 더 저와 제 주변이 탄탄해졌습니다.

저는 성인이 된 이후의 제 인생을 3개의 시대로 정의하고 있습니다. 바로 당구시대, 취미시대, 작가시대입니다. 당구에 빠져 살던 시대 때는 당구쟁이 친구들이 주변에 많았습니다. 재미와 쾌락의 유혹을 막아주는 것이 아니라 오히려 재미와 쾌락으로 유혹하는 친구들이 많았습니다. 취미시대 때는 취미쟁이 친구들이 주변에 가득했습니다. 당구쟁이 친구들보다는 덜했지만 시간과 자원을 의미 없이 난사하는 측면에서는 오십보백보였습니다.

작가시대인 지금은 작가들이 주변에 많습니다. 그분들 중에는 영감과 자극을 주는 분들이 참 많습니다. 잠깐 흔들리다가도 그런 분들 덕분에 정신을 차리곤 합니다. '네가 어울리는 사람이 곧 너의 인생이다.' 참 공감 가는 이야기입니다.

앞에서도 말씀드렸던 불광불급不狂不及 즉, 미치지 않으면 미칠 수 없습니다. 내꿈을 이루고 싶다면 내꿈에 미쳐야 합니다.

그러려면 생각만 해도 가슴이 두근거리는 내꿈을 찾아야 합니다. 타인과 사회의 시각과 기준이 아니라 나의 시각과 기준에 의해 내꿈을 찾고 선택한다면 강한 의지력이 없는 사람도 내꿈에 취하고 내꿈에 미칠 수 있습니다. 내꿈에 취하고 내꿈에 미치면 자연스럽게 나타나는 현상이 후천적 천재지능인 절대영감입니다.

서울대학교 황농문 교수님이 쓰신 베스트셀러 『몰입』을 비롯한 수많은 책에서 완전한 몰입상태가 지속되면 즉, 내꿈에 취하고 내꿈에 미쳐 살면 일상에서 만나는 모든 사람, 사건, 사고, 경험, 대화에서 문득문득 창조적 영감이 직감적으로 떠오른다고 합니다. 몰입의 자연스러운 결과가 절대영감이라는 것입니다.

떨어지는 사과를 보고 만유인력을 떠올린 뉴턴, 목욕하다 부력의 원리를 깨달은 아르키메데스처럼 말이지요. 한동안 강호동 씨가 진행했던 〈스타킹〉이라는 프로에 출연했던 많은 천재, 달인, 장인들이 평범한 사람들이었고 때로는 장애가 있는 사람들도 있었습니다. 그들이 유일무이하게 가지고 있던 공통점이 바로 '일정 기간 한 가지 일에 완전히 몰입'했다는 사실입니다.

즉, 누구라도 취하고 미칠 수 있는 내꿈만 있다면 그 꿈에 한해서는 천재적인 지능과 무서운 의지력을 가질 수 있다는 것입니다. 다시 말하면, 내 지능과 의지력이 부족하다며 자신을 탓하거나 의

기소침해질 필요가 없다는 것입니다. 지능과 의지력이 약한 사람도 온전히 미칠 수 있는 꿈을 갖게 되면 그 꿈에 한해서는 천재가 되고, 장인이 되고, 달인이 될 수 있기 때문입니다.

어른들과 학교와 사회가 훔쳐 간 내꿈을 내가 되찾아와야 합니다. 내꿈을 찾지 않는 이유, 내꿈이 없는 이유를 어른들과 학교와 사회의 탓으로 돌리면서 푸념하고 원망만 하고 살아보았자 나에게 남는 것은 아무것도 없습니다. 그런 시간이 쌓여갈수록 후회와 낙담과 자기원망과 자기비하만 남게 될 것입니다.

이 이야기는 지금 어른인 사람에게도 해당되는 이야기입니다. 내 과거를 돌이켜보았을 때 어른 탓, 학교 탓, 사회 탓하며 내삶, 내꿈을 돌보지 않았다면 살아 있는 기간 중 가장 젊은 때인 바로 지금부터라도 내 시각과 기준에 의한 내꿈을 찾아 나서야 합니다.

말로만 내삶과 내꿈이 소중하다고 외친다고 내삶과 내꿈이 소중해지는 것은 아닌 것 같습니다. 외모만 멋지고 예쁘게 치장한다고 해서 내삶과 내꿈이 멋져지는 것도 아닙니다. 물론 멋지고 예쁜 외모도 좋지만 그보다 더 멋진 모습은 가치 있는 꿈에 몰입하는 모습, 그 과정을 통해 끊임없이 성장하는 모습, 그 성장의 결실을 세상을 이롭게 하는데 아낌없이 나누는 모습이 훨씬 멋지고 예쁜 모습입니다.

그리고, 그런 내꿈의 실천이 세상을 이롭게 하고 있다는 사실을 누군가의 인정과 존경과 감사를 통해 확인받았을 때의 그 말로 표현할 수 없는 기쁨과 보람은 어지간한 난관과 유혹은 가볍게 뛰어넘을 수 있는 절대영감과 절대의지의 마르지 않는 원천이 될 것입니다. 그 과정을 통해 나와 내가 속한 세상이 어우렁더우렁 함께 성장하고 함께 성공하고, 함께 행복해지는 것이 아닐까요?

누가 내꿈을 훔쳐 갔을까?

제5장

어우렁더우렁;

내꿈을 찾는 사람들과 설렘 속에 살자

1
두 가지 생일:
육신의 생일 vs.
영혼의 생일

강의를 준비하던 중에 헬렌 켈러 영화를 본 적이 있습니다. 보지도 듣지도 못해 짐승처럼 살던 헬렌 켈러가 어느 금요일 찾아온 앤 설리번 선생님과의 만남으로 비로소 인간이 되고 깨달은 자가 되고 그 깨달음을 세상을 위해 나누는 자가 되어 가는 과정을 다룬 영화였습니다.

그중에서도 특히 제게 큰 감동과 자극을 주었던 장면은 노년의 헬렌 켈러가 수화로 앤 설리번 선생님과의 만남의 의미를 독백하는 장면입니다. 독백의 핵심 메시지는 아래와 같습니다.

'인간에게는 두 번의 생일이 있다. 하나는 육신의 생일이고, 하나는 영혼의 생일이다.'

헬렌 켈러가 생각했을 때, 앤 설리번 선생님을 만나지 못했다면 자신은 육신은 인간이나 영혼은 짐승인 체로 살았으리라는 것입니다.

배가 고프거나 불안하거나 화가 나면 동물처럼 물고, 뜯고, 때리고, 부수고, 던지고, 소리 지르고, 뒹굴어서 그 본능을 채우며 살던 헬렌 켈러에게 어느 금요일 앤 설리번 선생님이 찾아와 손목을 잡아줍니다.

인간은 화가 나도 참을 수 있어야 하고 본인이 원하는 바가 있으면 이성적이고 합리적인 방법으로 표현해야 하며 그 표현 수단인 말과 글을 배워야 한다는 것을 초인적인 인내심에 의해 가르쳐 냅니다. 수많은 장면에서 눈시울이 붉어지게 만드는 영화였습니다.

그녀와 아무런 관계도 없는 제가 그토록 감동을 받았으니 당사자인 헬렌 켈러 본인은 어떠했겠습니까? 앤 설리번 선생님을 만나지 못했다면 평생 짐승처럼 살 뻔한 자신을 생각하면 아마도 소름이 돋았을 것입니다. 많은 사람이 뒤늦게라도 방탕했던 자신의 과거를 깨닫는 순간 소름과 안도를 느끼듯이 말이지요.

앤 설리번 선생님이 떠나시고 노년이 된 헬렌 켈러가 선생님에 대한, 말로 다 표현할 수 없는 감사의 마음을 수화로 표현한 말이 바로 '육신의 생일과 영혼의 생일'이었던 것입니다.

감동과 자극이 컸던 영화였던 만큼 영화를 보고 나서도 그 여운이 한참 남았습니다. 저도 자연스럽게 자신에게 질문하게 되더군요.

'김상경! 너에게는 영혼의 생일이 있었나?'

이후 강의에서도 후배들에게 질문을 던지곤 했습니다.

'여러분! 여러분에게는 영혼의 생일이 있었습니까?'

그리고, 이 글을 읽고 계신 독자들에게도 묻고 싶습니다.

'독자님께는 영혼의 생일이 있었습니까?'

헬렌 켈러도 그랬던 것처럼 영혼의 생일 당일에는 그날이 영혼의 생일인지 알아차리지 못할 가능성이 높습니다. 오랜 세월이 흐른 다음 과거의 자신과 완전히 다른 사람이 되어있는 자신을 문득 느끼는 순간 혹은 괄목할만한 성장, 성공, 행복을 이룬 다음 돌이켜 보니 '아! 그때가 내삶의 변곡점이었구나', '아! 그날이 내삶의 영혼의 생일이었구나!'라고 깨닫는 경우가 많습니다.

혹은 헬렌 켈러에게 나타난 앤 설리번 선생님처럼 한순간의 도드라진 사건이 아니라 상황과 환경의 변화에서 비롯된 반복적 자극 덕분에 매일매일 조금씩 변화하고 성장하는 경우도 있습니다. 이런 경우에는 거창하게 '영혼의 생일'이 몇 년, 몇 월, 며칠이었다고 구체적으로 지목할 수는 없지만 현실에서는 비율적으로 상황과 환경의 변화 때문에 서서히 변화를 겪는 경우가 더 많은 것 같습니다.

어떤 경우든 중요한 것은 '내삶과 내꿈에 대한 나의 태도 변화가 있었는가?'라는 것을 스스로 확인하고 인식하려는 습관입니다. 그 계기는 사람일 수도 있고, 사건·사고일 수도 있고 경험일 수도 있고 상황과 환경의 변화일 수도 있고 그중 몇 개이거나 모두 다일 수도 있습니다.

'인간은 환경과 자극의 동물이다', '환경이 사람을 만든다'라는 말처럼 인간은 환경과 자극에 의해 나쁜 사람이 될 수도 있고 좋은 사람이 될 수도 있습니다.

물론, 환경과 자극과 무관하게 혹은 불우한 환경과 부정적인 자극이 가득한 처지에서 살았음에도 불구하고 밝고 긍정적인 사람도 있습니다. 하지만 불우한 환경과 부정적 자극은 꽤 높은 비율로 사람의 성품과 성격에 부정적인 결과를 초래하는바 내가 만일 어둡고 우울하고 소극적이고 부정적인 성향이 많다고 생각되면 현재의 자신만을 비난하고 탓할 것이 아니라 내 과거의 환경과 자극이 현재의 나를 지배하고 있는 것은 아닌가 돌이켜볼 필요가 있습니다.

'인간에게는 두 번의 생일이 있다; 육신의 생일 vs. 영혼의 생일!' 이라는 한 마디가 내가 나를 수시로 되돌아보게 만드는 자극 덩어리입니다. 도구와 물건만이 환경과 자극을 조성하는 것이 아닙니다. 말과 글로 정의된 감동과 자극 넘치는 표현도 시도 때도 없이 나를 각성시키는 자극 덩어리가 될 수 있습니다.

말과 글로 정의된 감동과 자극 넘치는 표현을 내가 살아가는 공간의 이곳저곳, 내가 사용하는 도구 이것저것에 붙여두고 비치해둬서 시도 때도 없이 되새기게 하고 암송하게 하면 나도 모르는 순간에 그 감동과 자극이 내삶 속으로 스며들게 될 것입니다.

2
인생곡선

『토지』박경리 작가님이 돌아가시기 몇 달 전 TV에 출연하신 적이 있습니다. 당시 연세가 82세셨는데 너무나 건강한 모습으로 출연하셨기 때문에 몇 달 후 갑자기 돌아가셨다는 소식에 깜짝 놀랐습니다. 그런데 저에게 더 놀라운 기억으로 남아 있는 장면은 82세 노인의 차분하면서도 쩌렁쩌렁한 총기였습니다. 그 연세라고는 믿기지 않을 정도로 청명한 사고력과 또렷한 표현력을 가지고 계셨습니다.

돌아가신 저희 아버님의 80대는 달랐습니다. 농군으로 생을 마감하셨지만 젊었을 때는 사범학교 졸업 후 교사를 하셨던, 시골에서는 나름 지식층에 속한 분이었습니다. 하지만 70대 후반 언저리

부터 돌아가신 80대 후반 사이 사고력과 표현력이 급격히 떨어져 갔습니다.

부모님이 떠나가시기 전에는 명절 때마다 머나먼 땅끝마을 고향 길을 설레는 마음으로 오고 가곤 했습니다. 가장 많이 걸렸던 시간은 편도 18시간. 날을 지새우며 운전하느라 몸은 천근만근 무거웠지만 마음은 지칠 줄 몰랐습니다. 부모님 계신 고향 집은 마약 같은 기운을 가졌습니다. 그래서 천릿길, 만릿길에 계시더라도 부모님이 살아계신 분들이 참 부럽습니다.

지치고 힘들 때 내 손을 잡아주시던 엄마의 따뜻한 손이 그립고, 당신의 목숨이라도 내어 줄 테니 기대고 의지하라시는 듯한 엄마의 미소가 그립습니다. 부모님은 존재 자체로 기댈 수 있는 기둥이자, 내 뿌리를 받쳐주는 주춧돌이자, 지친 마음을 녹여주는 안식처입니다.

아버지가 80대를 넘어설 즈음부터 명절을 쇠고 고향 집을 떠나올 때면 집사람과 종종 옥신각신할 때가 있었습니다.

'아버님은 어린아이 같아!'

사소한 일에 화를 내고 시도 때도 없이 투정을 부리시는 아버지를 두고 집사람이 한 말입니다. 저는 제 아버지라고 팔이 안으로 굽어 '여보, 우리도 늙으면 다 그리될 거야!'라고 변명도 하고, 항변도 했습니다.

하지만 아닌 게 아니라 80세 즈음부터 약간 치매 기도 생기고, 수시로 화를 냈다, 투정을 부렸다 하시면서 본능에 따라 반응하는 어린아이로 되돌아가시는 듯한 모습을 자주 보이셨습니다. '왔던 곳으로 갈 때가 되면 다시 어린아이가 돼서 돌아간다'는 어른들의 말씀이 헛말이 아닌가 보다 하는 생각이 들곤 했습니다.

제 지인 B는 아직도 아이입니다. 이 차가운 세상에서 중년이 되도록 살았는데도 한없이 여리고 착합니다. 어쩌면 그렇게 때가 묻지 않고 살 수 있는지 신기할 정도입니다. 반생이 되도록 세상의 때가 묻지 않았으니 남은 반생도 세상의 때가 묻지 않은 채로 살다 갈 것입니다.

어른아이 B는 착하고 여립니다. 나이는 중년이지만 감성은 어린아이 그대로입니다. 그래서 남들의 사소한 말과 행동에도 아파하고 슬퍼하고 상처를 받습니다. 조금 강하거나 거리가 있는 상대에게는 아프다, 슬프다, 상처받았다고 이야기도 하지 못하고 속으로 끙끙 앓다가, 편하고 가까운 사람에게는 마치 친구에게 상처받은 아이가 엄마에게 응석 부리듯 '나 아파, 슬퍼, 상처받았어. 위로해줘!' 하며 매달리기 일쑤입니다.

지성의 힘은 고사하고 이성의 힘도 어린 시절 어딘가에서 성장을 멈춘 듯합니다. 내 상황이 여유롭고 편안할 때는 어른아이 같은 응석이라도 받아줄 만한데 내 상황이 여유가 없고 힘들 때는 계속

누가 내꿈을 훔쳐 갔을까?

들어주기가 참 어렵습니다.

문제는 위험하다는 것입니다. 어른아이 같은 착하고 여린 감성을 이해하고 인정해주는 사람만 곁에 있으면 좋은데 세상은 그리 호락호락하지 않습니다. 인간 늑대들에게 어른아이 같은 착하고 여린 감성은 아주 쉽고 말랑말랑한 놀잇감이나 사냥감입니다. 마음의 상처뿐만 아니라 경제적 착취를 당하기 십상입니다.

죽을 때까지 아이처럼 착하고 여린 감성으로 살아가는 사람이 많으면 세상은 참 평화롭겠지만 치열한 경쟁에 의해 발전하고 성장하는 세상은 기대하기 힘들 것입니다.

어릴 적 저희 고향 마을에 알코올 중독자 어른이 한 분 계셨습니다. 우리 마을과 면 소재지에 있는 우수영 중학교의 중간쯤에 주막이 하나 있었는데, 종종 하굣길에서 한낮에 이미 불콰해진 얼굴로 휘청휘청 귀가 중이신 그 어른과 마주칠 때가 많았습니다.

자신의 아낙은 한여름의 뙤약볕 아래 논밭에서 검붉어진 얼굴로 비지땀을 흘리고 있을 때 그는 늘 주막에서 막걸리를 들이키고 있었습니다. 어린 마음에도 '참 한심한 어른이다!'라는 생각이 들곤 했습니다. 그 어른은 그리 살다 서둘러 갔습니다. 지금 기억에 50대 즈음에 떠나신 것 같습니다.

지금 생각해보면 참 안 된 어른입니다. 시종일관 인간으로서의 품위와 사고력, 표현력을 유지하고 계시다 천수를 누리고 가신 박경리 작가와 비록 늙어서는 어린아이처럼 변해가셨지만 젊은 한때는 강인한 이성의 힘으로 동생 4명과 자식 6명을 길러내신 우리 아버지와 비교하면 그 어른은 오로지 태어날 때 가지고 태어난 본능만으로 살다 가셨기 때문입니다. 인간이 아닌 동물들도 가지고 있는 본능처럼 먹고 마시고 놀고 자고 다시 일어나 먹고 마시고 놀고 자고 하다 가셨기 때문입니다.

사람에 따라 4가지 인생곡선을 그리다 가는 것 같습니다.

첫째는 본능인생입니다. 동물적 본능을 가지고 태어나, 동물적 본능에만 충실한 삶을 살다 가는 사람입니다. 먹고, 마시고, 놀고, 자고 하는 동물적 본능을 가지고 태어나 따뜻한 감성, 명료한 이성, 예리한 지성의 힘을 가진 만물의 영장으로 성장하지 못하고 낮은 평행선을 그리며 살다가 가는 사람입니다. 어릴 적 저희 고향 마을 알코올 중독자 어른처럼 말입니다.

둘째는 감성인생입니다. 동물적 본능을 가지고 태어났지만 엄마, 아빠의 사랑을 받으며 따뜻한 감성을 지니게 됩니다. 하지만 어떤 이유에선가 명료한 이성과 예리한 지성의 단계로 올라서지 못하고 착하고 여린 어른아이로 살다 가는 사람입니다. 낮은 평행선 인생을 살다 가는 본능인생에 비해서는 그래도 약간의 이성과 지성의 힘을 키워 상향 곡선을 그리긴 하지만 왔던 곳으로 되돌아갈 시기가 가까워지면 급속하게 태어났을 때와 같은 아이 상태로 되돌아갔다가 세상을 떠나는 사람입니다. 제 지인 B와 같은 사람입니다.

셋째는 이성인생입니다. 동물적 본능을 가지고 태어났지만 엄마, 아빠의 사랑을 받으며 따뜻한 감성을 키우고 친구 및 타인들과의 교류와 협력과 경쟁을 통해 이성의 힘도 키워가는 사람입니다. 가장 보편적이고 대부분의 사람들이 살아가는 패턴입니다. 감성 위주의 삶을 살아가는 사람보다는 상향 곡선의 높이가 높고, 늙어가면서 정신을 놓을 확률도 감성인생보다 낮습니다. 하지만 이성인생역시 죽음이 가까워져 오면 어린아이가 되어갈 확률이 높은 것은 마찬가지입니다. 제 아버지와 같은 경우입니다.

넷째는 지성인생입니다. 동물적 본능을 가지고 태어났지만 따뜻한 감성을 키우고 명료한 이성을 키웠을 뿐만 아니라 다양하고 지속적인 학습과 실천과 나눔과 성찰의 과정을 통해 지적 성장을 끊임없이 추구하는 사람입니다. 지성인생을 사는 사람들은 세상의 유혹과 평가에 쉽게 흔들리거나 상처받지 않습니다. 자기 나름대로 올바른 삶에 대한 기준과 생각과 의지를 가지고 있으며 세상과 세상 사람들을 어떻게 대하고, 어떻게 위하고, 어떻게 도와야 하는지에 대한 자기 나름대로 기준과 생각과 의지를 가지고 있기 때문입니다. 지성인생을 사는 사람들은 몸은 나이가 들어도 정신과 영혼은 명료하고 예리합니다. 죽을 때까지 시종일관 진짜 만물의 영장다운 사고력과 판단력을 유지하고 살다가 인간답게 삶을 마감하는 사람들입니다. 『토지』의 박경리 작가님과 같은 삶입니다.

읽으시면서 느끼셨겠지만 내삶이 시종일관, 죽을 때까지 아름다움 삶이기를 바란다면 지성적 인생을 추구하며 살아야 합니다. 저도 제발 제 인생이 그리 나이 들어갔으면 좋겠습니다. 독자님들의 인생도 마찬가지구요.

어리고 젊었을 때는 본능을 벗어나 감성단계, 이성단계까지만 이르러도 괜찮습니다. 하지만 나이가 든다는 것은 감성과 이성 너머의 지성의 단계에까지 이르러야 한다는 의미가 아닐까요?

인간은 지구상의 동물 중에서 유일하게 자기 자신을 '만물의 영장'이라고 자화자찬하는 동물입니다. 하지만, 모든 사람들을 만물의 영장이라고 평가할 수 있을까요? 사실 다른 사람은 중요하지 않습니다. 중요한 것은 바로 나 자신입니다. 나 자신은 '죽을 때까지 만물의 영장다운 모습으로 살다가 갈 수 있을까?'라는 자기 질문과 자기 대답 그리고 끝날 때까지 아름다운 내삶을 만들기 위한 자기 준비가 중요하다고 생각합니다.

그런 면에서 100세 생일에 스스로 곡기를 끊고 자기 수명을 스스로 선택한 스콧 니어링의 사례는 제게 참 많은 생각을 하게 만들

누가 내꿈을 훔쳐 갔을까?

었습니다. 지금 9년째 파킨슨병을 앓고 계시는 친한 친구의 어머님을 뵙고 올 때, 모 국립대 교수로 재직하셨던 친구 아버님이 5년간 치매를 앓으시는 모습과 그런 아버님 때문에 눈물 흘리며 살던 친한 친구의 모습을 보면서 '내삶의 가을은 어떻게 저물어갈까?'라는 생각을 참 많이 했습니다.

내삶의 가을이 어떻게 돼갈지 모르지만 제 삶이기에 제가 준비해야 합니다. 그 누구도 대신해 줄 수 없는 것이 나의 육체적 건강, 정신적 건강입니다. '두 마리 토끼 잡기'는 불가능하다고 하지만 내 삶의 두 마리 토끼인 '육체적 건강과 정신적 건강'은 반드시 잡아야 하고, 반드시 잡을 수 있습니다.

이 책을 쓰고 있는 50세 즈음에 얻는 인생의 진리로 저는 그렇게 살아내려 합니다. 제 인생이기에. 그리고 이 책을 읽고 계신 독자님들도 그런 자기 인생을 꼭 살아내시기를 기원드립니다.

3
복의 공식

'행복은 선택이다!'라고 하면 지나친 비약일까요? 제가 이렇게 생각하는 이유는 똑같이 불우하고 비극적인 환경에서 자란 형제 중에서도 그 환경이 걸림돌이 되어 실패한 사람이 있는가 하면 그 환경을 디딤돌 삼아 성공한 사람도 많기 때문입니다. 전자는 환경에 지배당한 사람이고 후자는 환경을 지배한 사람입니다.

즉, 아무리 '환경과 자극이 사람을 만든다!'라고 하지만 똑같은 환경과 자극이라도 그에 대한 반응의 방향과 강도는 사람의 선택에 달려있습니다. 그러고 보면 '환경과 자극이 사람을 만든다!'라는 정의 안에는 '환경과 자극을 바람직한 방향으로 받아들인 사람에 한해서'라는 전제가 숨어 있는 것 같습니다.

수년 전 돌아가신 스티븐 코비 박사의 『성공하는 사람들의 7가지 습관_7habits_』이라는 책과 교육과정에서 'STP' 이야기를 처음 듣고 많은 영감을 얻었습니다. STP는 Stop, Think, Choose의 약자로서 자극과 반응 사이에 공간이 있으니 그 공간에서 잠시 멈춰서 생각한 다음, 반응하라는 의미입니다. 즉, 어떤 자극이 왔을 때 반사적으로 반응하지 말고 잠깐 멈춰서 생각한 다음, 내가 선택한 반응을 하라는 것입니다.

그런데 어린아이는 어려서 그렇다 치고 어른 중에서도 자극에 반사적으로 반응하는 사람들이 많습니다. 반사적 반응은 리스크가 많습니다. 발끈해서 반응한 것 때문에 상대방에게 상처를 줄 확률도 높고, 그로 인해 나에 대한 신뢰도가 무너질 확률도 높습니다. 무엇보다 반사적 반응으로는 합리적 대안보다 감정적 대립으로 흘러갈 확률이 높기 때문에 좋은 성과를 기대하기도 어렵습니다. 즉, 반사적 반응은 나에게도 득이 안되고 상대에게도 득이 안 되는데 결과까지 좋지 않으니 일거삼득_一擧三得_은 커녕 일거삼실_一擧三失_을 자초할 수 있습니다.

빈 의과대학 신경정신과 교수였던 빅터 프랭클은 오스트리아 출신의 유대계 정신과 의사이자 심리학자로서 실존주의 심리치료 중 하나인 '의미치료'의 창시자입니다. 그는 여동생 한 명을 제외하고 모든 가족을 수용소에서 잃었습니다. 빅터 프랭클은 『죽음의 수용소에서Man's Search for meaning』라는 책을 통해 자신과 가족의 죽음을 목전에 두고 살아야 했던 최악의 환경에서도 두 갈래 즉, 인간으로서의 품위를 잃지 않는 사람과 짐승으로 변해가는 사람들의 이야기를 전하고 있습니다.

불우한 환경이든 불편한 자극이든 비극적 체험이든 모두 나의 내면이 아니라 외부에서 비롯된 것들입니다. 내가 의도하고 계획했던 것이 아니라 외부적인 상황, 환경, 사람, 사건, 사고 등에 의해 내게 영향이 오는 것인 만큼 그것을 어떻게 받아들이고, 해석하고, 이해하고, 반응할 것인가는 전적으로 내 권한이자 나의 선택 영역입니다.

긍정적이고 주도적인 사람은 환경, 자극, 체험을 어떻게 하면 나에게 좋은 방향으로 활용할 것인가를 고민하는 반면 부정적이고 수동적인 사람은 자신의 반항과 게으름의 이유와 핑계로 이용합니다. 전자는 환경과 자극과 체험을 선용하는 것이고 후자는 환경과 자극과 체험을 오용하는 것입니다.

치열한 경쟁 속에서 살아야 하는 인간의 환경이 늘 편하고 풍족하고 여유롭기는 힘듭니다. 오히려 대부분 힘들고, 불안하고 부족한 환경 속에서 성장하고 살아갑니다. 그래서 어쩌면 성공과 실패의 갈림길은 주어진 환경을 선용하는 사람인가, 오용하는 사람인가에서 시작된다고 봐도 과언이 아닐 것입니다.

저도 어린 시절과 젊은 시절 대부분은 후자의 인생을 살아왔던 것 같습니다. 부모를 탓하고 학교를 탓하고 사회를 탓하면서 반항도 하고, 게으른 자신을 합리화하곤 했습니다. 제 주변에도 그런 친구들이 적지 않았고 지금도 적지 않은 것 같습니다.

하지만 어느 순간 내가 내삶과 내꿈을 선택하기 시작했습니다. 비록 생존을 위한 선택에서 시작되긴 했지만 내가 내삶과 내꿈을 선택했을 때의 몰입감과 성취감, 자아존중감, 자기효능감, 자아실현감 등이 얼마나 큰 가치와 기쁨을 느끼게 해주는지 알아차렸기 때문입니다.

사실 제 삶의 환경은 그다지 변함이 없었습니다. 아시아나항공을 다니고 있었고 가족이 있었고 생활의 범위도 별다른 변화가 없었습니다. 다만 내삶과 내꿈에 대한 내 생각과 태도가 바뀌었을 뿐인데 똑같은 환경과 자극과 체험이 제게 전혀 다르게 느껴지기 시작했습니다.

제 생각과 태도가 바뀌자 전에는 평범했던 일상의 이곳저곳에서 내 머리와 가슴을 콕콕 찌르는 송곳들이 나타나기 시작했습니다.

전에는 외부를 탓하고 핑계 삼으며 내삶과 내꿈을 외면하고 살았는데, 제 생각과 태도가 바뀌자 그렇게 탓하고 핑계 삼던 외부로

부터 내삶과 내꿈을 찾고 지름길도 발견하고 그 길을 열심히 달려 갈 수 있는 자극과 열정과 에너지도 무한 공급받고 있습니다. 그뿐만 아니라 제 꿈길을 인도해주는 내꿈멘토들과 제 꿈길을 동행해주는 내꿈친구들을 찾고 인연을 맺을 수 있게 되었습니다. 즉, 내 행복은 나의 선택이 시발점이었습니다.

주변의 환경과 자극을 나의 성공과 행복의 재료로 선택한 이후에도 궁극의 성공과 행복으로 향하는 다양한 갈림길이 있습니다. 인생은 하루에도 수십 번씩, 평생 끊임없는 선택의 과정이니까요.

3장에서 이야기한 '꿈의 공식'이 성공을 위한 공식이었다면 여기서 이야기한 '복의 공식'은 행복을 위한 공식입니다. 저는 이 두 가지 공식에 의해 저의 성공과 행복을 가꾸어왔고 지금도 가꾸어가고 있습니다.

중요한 것은 이들 공식도 이들 공식을 구성하는 변수도 모두 제가 선택한 것들이라는 것입니다. 그러니 이 글을 읽고 계신 독자님들은 본인에게도 적용할 가치가 있는 공식인지 아닌지 진지하게 한번 검토해 보셨으면 좋겠습니다.

두 가지 공식과 두 가지 공식을 구성하는 여러 변수는 제가 창조한 것이 아닙니다. 20년 넘게 수백 권의 책을 읽고, 수백 명의 사람을 만나고, 수백 번의 세미나를 수강하고, 수백 번의 커뮤니티 활동

누가 내꿈을 훔쳐 갔을까?

을 하면서 만났던 현자들의 지혜를 치열한 자기실천과 적용을 통해 곱씹어 보고 또 곱씹어 본 다음 비슷한 고민을 하고 계신 분들이 쉽고 빠르게 이해하고 적용하실 수 있도록 공식화한 것이기 때문입니다.

그렇다고 제가 제시한 공식 그대로 받아들이라는 말씀도 아닙니다. '모방이 최고의 창조다!'라는 이야기가 있습니다. 빌 게이츠도 스티브 잡스도 모방에서 창조를 시작했습니다. 그러니 20년 이상 지혜의 학습과 실천과 나눔을 대화와 강의와 집필을 통해 반복해 온 저의 제안을 일단 모방한 다음 그 위에 본인의 지식과 경험, 재능과 관심, 여건과 상황을 가미해서 자기에게 맞게 승화시키셔야 합니다. 독자에게는 제가 드린 공식이 정답이 아니고 자기화한 공식이 정답이기 때문입니다. 저는 그저 참조자 일 뿐입니다.

'사랑이 넘치는 가족 꾸리기', '좋은 인간관계 만들기', '좋은 일 많이 하기' 등 우리가 흔히 이야기하는 선하고 바람직한 일들이 행복을 만드는 일인 건 맞습니다. 저도 그렇고 누구나 그렇게 이야기하고 있고 동의하실 것입니다. 그런데 제 생각에는 그러한 가치들은 대부분 나보다는 타인 또는 외부가 중심인 것 같습니다.

수신제가치국평천하修身齊家治國平天下. 즉, 먼저 자신을 수양修身한 다음 가정을 올바르게 다스리고齊家, 그다음에야 나라를 잘 다스려야治國, 온 세상을 평화롭게平天下 할 수 있다는 것입니다. '내로남불'식으로 자기 잘못은 살피지 않고 오로지 남 탓만 하는 사람들만 가득한 공동체는 헬조선이 될 수밖에 없습니다. 그렇게 모든 것을 남 탓으로 돌리며 살면 내가 편할 것 같지만 남들도 모두 그렇게 하기 때문에 나도 불행하고 남도 불행하니 사회 전체가 불행해지는 지름길입니다.

그래서 제가 생각하는 최고의 행복 공식은 '모든 사람이 자기 자신의 생각과 언행에서 만족과 보람을 느끼며 사는 것'입니다.

인간은 사회적 동물이고 세상은 혼자 살 수 없고 사람이 답이라면 개개인의 행복 역시 나로부터 비롯되는데, 관계와 공동체의 행복까지 감안해야 진짜 행복한 삶을 살아갈 수 있습니다. 나 홀로 행복하고 싶어도 관계와 공동체에 의해 얼마든지 내 행복이 침해당할 수 있기 때문입니다. 구성원 모두가 자기부터 수양하고 살필 때 나도 행복하고 남도 행복하고 사회도 행복할 수 있습니다.

내가 먼저 올바른 성품과 탁월한 역량을 개발해서 그 결과로 세상을 이롭게 하고 그렇게 사는 자신에 대한 타인의 인정뿐만 아니라 자기 인정을 통해 가치 있는 나를 느끼며 사는 삶이 가장 행복한 삶이라 생각합니다. 그것을 수식으로 표현하면 아래와 같습니다.

복의 공식 = 학습 + 실천 + 나눔(대화 + 강의 + 집필)

Happy = Study + Action + Share(Conversation + Lecture + Writing) = S+A+S(C+L+W)

'복의 공식'을 쉽게 풀이하자면 끊임없는 학습을 통해 지혜를 얻고 그렇게 얻은 누군가의 지혜를 내삶에서 끊임없이 실천하고 적용해서 좀 더 나은 지혜로 만든 다음, 또 다른 누군가에게 나누는 삶을 살아야 한다는 것입니다.

벤자민 프랭클린이 자서전에서 그런 말씀을 하시더군요. '누군가에게서 얻은 지혜를 세상에 다시 내놓지 않고 떠나는 것은 죄악이다!' 프랭클린은 그날 아침에 먹은 음식도 기억하지 못했다고 합니다. 분명 천재인 양반인데 말이지요. 왜냐하면, 인간은 먹고 마시는 것이 중요한 것이 아니고 가치와 의미를 추구하는 것이 중요하다고 생각했기 때문입니다. 저도 그런 사람이 되고 싶습니다. 그리고 많은 분들이 그런 사람이 되었으면 좋겠습니다.

지혜를 나누는 방식은 3가지가 있다고 생각합니다. 대화와 강의와 집필입니다.

때로는 대화도 강의가 될 수 있습니다. 지혜, 정보, 지식을 나누고 격려, 자극, 동기부여 등을 해주는 대화라면 그것이 곧 1:1로 해주는 강의라고 할 수 있기 때문입니다. 게다가 저는 '모든 어른은 멘토다!' 혹은 '모든 어른은 멘토가 되어야 한다!'라고 생각합니다. '한 아이를 제대로 키우기 위해서는 온 마을이 나서야 한다!'라는 유대인 이야기에는 아이를 제대로 키우려면 '온 마을 어른들이 나서야 한다'라는 어른들의 멘토로서의 역할이 함축되어 있다고 봅니다.

물론 재미있는 대화도 필요하고 휴식 같은 대화도 필요합니다. 재미와 휴식은 인간의 건강과 행복을 위해 빼놓을 수 없는 중요한 가치인 것은 분명하니까요.

하지만 때로는 몇 마디 대화 덕분에 자살을 생각하던 사람이 삶을 생각할 수도 있고 꿈을 잃은 사람이 꿈을 되찾을 수도 있고 고생만 하고 성과는 없던 사람이 큰 성과를 거둘 수도 있습니다. 한마디 말로 천 냥 빚을 갚을 수도 있습니다.

그래서 언제, 어디서든, 누구와도 가능한 대화가 최고의 지혜나 눔 도구입니다. 그러니, 그런 대화의 가치를 인식하고 때로는 지혜가 되는 대화, 지식과 정보를 나눠주는 대화, 격려와 자극과 동기부여를 해주는 대화를 할 수 있는 내가 된다면 그 과정에서 얻을 수 있는 행복감이 얼마나 큰 것인지 스스로 깨닫게 될 것입니다.

즉, 재미대화, 휴식대화도 필요하지만 가치대화도 필요합니다. 가치대화를 통해 누군가가 꿈을 찾도록 도와주고 그 꿈길을 열심히 갈 수 있도록 동기부여 해주고 꼬였던 관계와 문제를 풀 수 있게 도와줄 수 있다면 거기에서 느끼는 자기효능감, 자아존중감, 자아실현감이 얼마나 큰 기쁨과 보람을 주는지 알게 되실 것입니다. 상대방의 감사와 인정은 물론이구요.

누가 내꿈을 훔쳐 갔을까?

두 번째 지혜나눔 도구는 강의입니다. 물론 강의는 누구나 할 수 있는 일은 아닙니다. 여러 사람 앞에 선다는 것이 결코 쉬운 일이 아니기 때문입니다. 그럼에도 저는 사람 앞에 서는 기회를 꼭 가져보시라고 권하고 싶습니다. 사람들 앞에서 지혜를 나누는 자의 성장과 발전이 가장 빠르기 때문입니다.

가르치고 배우는 자가 함께 성장한다는 의미의 '교학상장敎學相長'이라는 한자어가 있습니다. 처음 이 단어를 들었을 때는 명쾌한 정의에 무릎을 쳤습니다. 하지만 강의 경험이 쌓아가면서 이 말이 약간 틀렸다는 생각이 들었습니다. 왜냐면 앞에서 수동적으로 강의를 듣고 있는 수강자보다 무대에서 능동적으로 강의하고 있는 강사가 훨씬 빨리 성장하기 때문입니다.

수강자는 교육장에 들어서서야 강사의 지혜를 처음 접하고 대충 듣다가 교육장을 벗어나는 순간 머리에서 까맣게 잊어버리는 경우가 다반사입니다. 하지만 강사는 절대 그럴 수가 없습니다.

사람들 앞에 서기 위해 수많은 시간 동안 학습하고 수없이 리허설을 해본 다음에야 교육장에 들어옵니다. 예습치고 이만한 예습이 없습니다. 무대에 서서도 강사는 오만 가지 생각을 하면서 자기가 이야기하고 있는 지혜를 이리 돌려보고 저리 돌려보고 난리를 치게 됩니다.

'저 사람 표정이 왜 저래? 내 이야기가 어렵나?', '저 사람은 왜 딴

짓하고 있지? 내 이야기가 재미없나?' 등 수강자들의 표정과 반응에 따라 머리를 초고속 회전시키면서 자기가 전하고 있는 지혜를 이리 돌려보고 저리 돌려보기를 무한 반복하기 때문에 그 지혜가 완전히 몸에 체화될 수밖에 없습니다.

그것으로 끝난 것이 아닙니다. 강의가 끝난 후에도 수강생들의 표정과 반응을 되새김하면서 더 성공적인 다음 강의를 위해 자기가 전하고 있는 지혜를 여러 번 되돌려 봅니다. 그야말로 지혜를 가지고 노는 삶이 강사의 삶입니다. 그러니 가르치고 배우는 사람이 함께 성장한다는 '교학상장敎學相長'이라는 표현보다 가르치는 사람이 더 크게 성장한다는 의미의 '교자대장敎者大長'이 더 정확한 표현이 아닐까 싶습니다. 물론 이 교자대장도 저의 '자가명언짓기 습관'에 의해 제가 정의한 저의 이론입니다.

세 번째, 마지막이자 최고의 지혜나눔 도구는 '집필'입니다. 글쓰기 또는 책쓰기라고 표현하는 것이 맞겠으나 제가 '자가명언짓기'를 할 때는 가급적 운율을 맞춰서 외우기 쉽게 하고 있다 보니 '집필'로 명명했습니다.

지혜나눔도구 3종 세트를 '대화', '강의', '집필'처럼 2글자로 운율을 맞추면 기억하기도 쉽고 수시로 음미하기도 쉽기 때문입니다. 게다가 '집필'은 뭔가 고급스럽기도 하고 '글쓰기'와 '책쓰기'를 아우르는 표현이어서 안성맞춤의 표현이라고 생각합니다.

누가 내꿈을 훔쳐 갔을까?

여담이지만 제가 '자가명언짓기 습관'을 가지고 있다고 해서 멋지면서도 효율적인 표현이 늘 퍼뜩퍼뜩 떠오르는 것은 아닙니다. 그래서 메모 습관을 통해 초기 표현을 메모해 두고 며칠씩 묵히고 삭힐 때도 있습니다. 마치 멋진 발명품의 초기 아이디어를 메모해 두고 발전시켜 나가는 것처럼 말이지요. 그러다 보면 멋지면서도 효율적인 표현이 퍼뜩 떠오를 때가 많습니다.

게다가 이 '자가명언짓기 습관'을 십 년 이상 들이다 보니 이게 굉장한 직감력 강화훈련 효과가 있다는 것을 체감하고 있습니다. 책에서도 느끼셨겠지만 지금은 굉장히 빠른 속도로 멋지면서도 효율적인 표현이 순간적, 직감적으로 떠오를 때가 참 많습니다. 실토하자면 책에 나오는 수많은 신조어, 신조문 중에는 원고를 쓰는 와중에 퍼뜩 떠오른 단어와 문장도 참 많습니다.

그러니 독자님들도 본인의 삶 속에서 경험하는 모든 사건, 사고, 대화, 독서, 영화, 드라마, 여행 등에서 독특하고 기발한 현상, 상황, 개념 등을 만나면 꼭 자기만의 단어, 자기만의 문장으로 정의하고, 메모하고 성장시켜가는 '자가명언짓기 습관'을 키워보시길 강추드립니다.

내 지성의 수준은 내가 표현하는 단어와 문장의 수준입니다. 자가명언짓기 습관은 나를 지성적인 나로 탈바꿈시켜줄 것입니다. 그뿐만 아니라 평범한 일상에서 창조적 영감을 직감적, 반복적으로 우려내는 후천적 천재지능, 절대영감을 키울 수 있는 지름길이 될 것입니다.

　본론으로 돌아가서, 강의도 매우 강력한 지혜나눔 도구지만 집필에는 비할 바가 못 됩니다. 강의는 강사가 존재하는 현재에, 바로 내 앞에서 듣는 몇 사람에게만 전하는 이야기입니다. 반면 글과 책은 내가 없는 공간, 혹은 내가 죽은 이후에도 무한 시간, 무한 공간, 무한 수의 사람들에게 내 이름을 달고 전해지는 이야기입니다. 그 때문에 강의에 임하는 강사의 자세와 집필에 임하는 작가의 자세는 천양지차입니다.

　여러 해 동안 워런 버핏이 자기와의 2시간 점심 만찬을 경매에 부쳐 경매가가 50억 원에 이르렀습니다. 하지만 워런 버핏이 2시간의 만찬에서 몇 사람에게 전하는 지혜의 양과 질은 워런 버핏이 자신의 책에 쏟아붓는 지혜의 양과 질에 비교했을 때 차원이 다를 수밖에 없습니다.

　책을 쓰다 보면 내 과거와 현재와 미래에 대한 내 머릿속 생각을 끄집어낸 다음, '생각의 도마' 위에 올려놓고 생선회처럼 스스로 난도질을 해야 합니다. 아울러, 내 머리 밖에 있는 세상의 지식과 정보와 지혜 중 내가 쓰고자 하는 책과 관련된 것들을 모두 끄집어온 다음 내 머릿속 생각과 잘 비비고 섞어야 합니다. 그뿐만 아니라 그 지식과 정보와 지혜의 비빔밥을 세상 사람들이 먹기 쉽고 이해하기 쉽고 적용하기 쉽게 그들의 언어, 그들의 수준에 맞게 잘 각색해서 세상에 내놓아야 합니다.

그래서 '책을 쓰는 것은 아이를 낳는 것과 같다'라고 할 정도로 책쓰기의 고통을 산통에 비유하곤 합니다. 보이지 않는 내 생각을 글로 뽑아내야 하고 세상의 생각을 글로 뽑아내야 하고 내 생각과 세상 생각을 잘 버무린 다음, 내가 아닌 누군가가 잘 받아먹을 수 있는 글로 다시 세상에 내어놓아야 하니 지적 산통이 이만저만이 아닙니다. 그러니 아픈 만큼 성장할 수밖에 없고 교자대장할 수밖에 없는 것입니다.

가르치는 자가 가장 크게 성장한다는 교자대장의 끝판왕이 '집필'이라 할 수 있습니다. 세상이 위대한 작가들을 존경하고 우러르는 것도 그 때문일 것입니다.

스스로 내가 먼저 윤리와 지혜를 학습해서 성품과 역량을 개발하고 자기실천과 적용을 통해 윤리와 지혜를 체화하고 심화시킨 다음, 내가 조금 더 심화시키고 승화시킨 윤리와 지혜를 대화, 강의, 집필을 통해 세상과 나누는 삶! 그런 삶이 나도 이롭게 하고 남도 이롭게 하고 세상도 이롭게 하는 행복한 삶이라 생각합니다.

우리 모두 각자가 나로부터 비롯되는 변화와 성장을 학습하고 실천하고 나누는 것이 내 행복을 만들어가는 지름길이자 내 행복에 큰 영향을 미치는 내 주변의 남도 행복하게 만들고 그런 나와 남이 함께 살아가는 이 사회와 공동체를 행복하게 만드는 지름길입니다.

지금부터는 저의 '꿈의 공식', '복의 공식'에 공감하는 분들과 어우렁더우렁 살고 싶습니다. 그렇다고 그런 분들과 꼭 진지한 삶만 살겠다는 의미는 아닙니다. 진지한 사람들도 먹고 마시고 놀고 쉬고 여행하는 것을 좋아하기 때문입니다. 즉 먹고 마시고 놀고 쉬고 여행을 하더라도 가급적 그런 사람들과 하고 싶습니다. 때로는 진지할 줄 아는 사람들, 목적 중심의 삶의 가치를 알고 그렇게 살려고 노력하고 그렇게 얻은 지혜를 세상을 이롭게 하기 위해 나누며 사는 사람들과 함께 하는 내삶, 내꿈을 가꾸고 싶습니다.

사전에서 의태어 '어우렁더우렁'의 의미를 찾아보면 아래와 같습니다.
'여러 사람들과 어울려 들떠서 지내는 모양'

어릴 때는 놀고 싶어서 들뜨고 먹고 마시고 놀고 싶어서 들떠서 지냈다면 지금부터는 학습하고 실천하고 나누기 위해서 들뜨고 세상을 이롭게 하는 지혜와 열정을 나누는 대화와 강의와 집필을 하고 싶어 들뜨고 싶습니다.

당구시대 vs. 취미시대 vs. 작가시대를 거쳐오면서 저뿐만 아니라 다른 사람들도 저와 비슷한 과정을 거치고 언젠가는 반성과 후회를 하고 깨달음을 얻고 비로소 꿈을 찾아 몰입하고, 성장해가는 모습을 많이 보았습니다.

그 시기가 다소 빠른 사람도 있고 다소 늦는 사람도 있습니다. 또 어떤 사람은 그런 시기를 맞지 못하고 삶에 쫓기듯이 사는 사람도 있습니다 하지만 누구나 내삶, 내꿈이 행복하고 가치 있기를 바란다고 생각합니다. 때문에 80~90%의 평범하고 보편적인 사람들은 대부분 저의 이야기가 본인들의 삶과 꿈의 재료가 될 수 있다고 생각합니다.

빠르든 늦든 내삶과 내꿈을 찾아 준비하거나 몰입하고 있는 사람, 비록 바쁜 삶에 쫓겨 아직은 내삶과 내꿈을 찾지 못했지만 마음만은 꼭 그러고 싶은 분들과 서로 돕고 나누고 즐기면서 어우렁더우렁 어울리고 들떠서 나이가 들어간다면 행복한 노년을 살다가 아름답게 삶을 마감할 수 있지 않을까 싶습니다.

4
드림마에스트로 김상경의 부고장
; 2064.05.16. 만 99세 생일에
왔던 곳으로 되돌아간
내 친구를 위해

'누군가의 꿈이 현실이 되도록 돕는 삶'

제 친구 김상경의 사명이었습니다. 그는 부유하게 살지는 못했지만 의미 깊게 살았습니다. 늘 세상을 읽고 자신을 읽으려고 노력했습니다. 늘 세상을 이롭게 하는 지혜를 학습하고 실천하고 나눴습니다. 늘 대화와 강의와 집필을 통해 세상을 이롭게 하는 지혜를 나눴습니다.

세상의 속도가 빨라질수록 시야가 좁아집니다. 변화의 속도가 빨라질수록 이성이 마비됩니다. 발전의 속도가 빨라질수록 마음이 급해집니다. 문명이 인간의 세상은 부유하게 만들었지만 인간의 마음은 가난하게 만들었습니다. 문명의 과속도가 인간성을 앗아가고 있습니다. 내 친구 김상경은 늘 그것을 안타까워했습니다. 안타까워만 하는데 그치지 않고 문명이 앗아간 인간성을 되찾기 위해 노력했습니다. 사람들에게 되돌려 주기 위해 노력했습니다.

제 친구는 전라도 땅끝마을에서도 끝자락에서 태어났습니다. 이순신 장군이 명량해전을 벌인 우수영이 그의 고향입니다. 영화 〈명량〉을 보며 자랑스러워하던 그의 얼굴이 생생합니다.

그의 고향 마을은 면도 아니고 리도 아니고 동입니다. 앞, 뒤, 옆이 산으로 둘러싸인 30여 가구 김씨촌입니다. 김씨 마을 장손이었던 그의 아버지는 가족의 이득보다 친족의 화목이 우선이었습니다.

둘째 딸 결혼식을 치르러 부모님이 서울 간 사이 옆집 당숙이 1,000평 양파를 잡종, 잡초라며 모두 뽑아버렸습니다. 제 친구의 부모님이 수개월 간 피땀 흘린 양파밭이 주인 없는 사이 친척의 심술 때문에 쑥대밭이 되었습니다. 자식들이 들고일어났습니다. "당숙은 인간도 아니다." "친척이고 뭐고 저런 인간은 감방에 처넣어야 한다." "친척들을 때리고 돈을 갈취하고 못된 짓을 일삼는 저 인간을 마을에서 축출해야 한다."

그럼에도 제 친구의 아버님은 '친척 간에 그러면 못 쓴다'는 한마디로 정리했습니다. 자식들이 그 당숙에게 인사를 하지 않았더니

'친척 간에 그러면 못 쓴다'고 호통을 치셨습니다. 제 친구 김상경은 그런 부모 밑에서, 그런 마을 속에서 자랐습니다.

그래서, 부모 곁을 떠나 맞은 첫 도회지 생활을 낯설어하고 힘들어했습니다. 시골의 초, 중학교 때는 날고 기며 선생님들의 사랑을 독차지했습니다. 하지만 광주의 고등학교에서는 날고 기는 친구들 때문에 기가 죽었습니다. 한때 스타였던 사람이 무명이 되었을 때의 상실감을 처음으로 경험 했습니다. 삼시 세끼 김치와 된장국만 먹다가 김치 냄새만 맡아도 헛구역질을 하는 고1 자취 생활도 너무 힘들었습니다. 처음으로 인생의 쓴맛을 경험 했습니다.

시집간 큰누나 집에서 시작한 서울의 대학 생활도 힘들었습니다. 제대 후 큰형 집 더부살이는 그를 더 움츠러들게 했습니다. 부유하고 이기적인 서울 친구들도 힘들었습니다. 부모님에게서 받은 유전자와 환경이 도회지 친구들의 유전자와 환경 앞에서 맥없이 무너지는 경험도 그를 괴롭혔습니다.

인생에서 홀로 소리 지르며 환호한 순간이 딱 한 번 있었습니다. 회사(아시아나항공) 근처에 얻은 김포공항 입구 마을에 얻은 단칸방에 들어서는 순간이었습니다. 대학 4년간 큰누나, 큰형 집에서의 더부살이가 그토록 힘들었다는 것을 그때 처음 깨달았습니다. 제 친구는 전형적인 씨족 마을 A형 인간이라 자기도 모르게 속으로 삭이며 살았던 것입니다.

하지만, 그렇게 시작한 아시아나 생활도 녹록하지 않았습니다. 인생이란 것이 그런 거죠. 나름 경쟁력 하나 만들고 싶어 다녀온 일본유학이 그의 발목을 잡았습니다. 1년쯤 지나서야 알게 된 사실이지만 항공사에서 일반직의 유배지라는 조종사 본부로 배치받은 것은 일본어 덕분이 아니라 일본어 때문이었습니다. 항공법은 미국에서 만들어진 다음 일본을 거쳐 한국으로 건너왔습니다. 그래서 일본어 가능자가 필요했던 것이었습니다. 그것도 조종사 본부에서도 일반직은 딱 3명밖에 없는 한직 중의 한직, 항공법과 조종사 자격심사를 다루는 팀으로 배치받았습니다.

그러던 중 인터넷 마케팅팀을 신설한다며 사내 전문가를 발탁한다는 공지가 떴습니다. 제 친구 김상경은 인터넷을 잘 몰랐습니다. 그저 조종사들의 아지트에서 벗어나야 한다는 일념으로 없는 능력까지 부풀린 사내이력서를 제출했습니다. 1위로 발탁되었습니다. 하지만 지뢰였습니다. 신설 팀에는 선배 한 명도 서류 한 장도 없었습니다. 수억 원짜리 IT 프로젝트 PM을 해야 하는데 용어도 모르고 기술도 몰랐습니다.

혹을 떼려다 혹을 붙였습니다. 날마다 사표를 생각했습니다. 하지만 도망갈 수는 없었습니다. 그래서 안에서 배울 수 없으면 밖에서 배우자고 회사 밖, 상자 밖으로 나갔습니다. 테헤란로 세미나와 커뮤니티를 누비고 생존을 위한 독서를 시작했습니다. 도피하려다 도전한 상자 밖 세상이 그를 살렸습니다.

불과 3~4년 만에 인터넷 분야에서 대형 언론사 마케팅대회 금상, 그룹 전체 업무개선경진대회 금상, 아시아나 업무개선 경진대회 대상 등을 수상했습니다. 개인 생산성 극대화를 위해 직접 개발한 개인자원관리시스템인 PRP_{Personal Resources Planning System} 덕분이었습니다. 힘과 속도를 압도하는 짐승을 사냥할 수 있게 해준 인류의 손에 든 횃불과 돌도끼처럼 PRP는 지적 힘과 속도를 압도시켜주었기 때문이었습니다.

제 친구 김상경은 자기 삶의 변곡점을 스스로 만들어갔습니다. 수많은 책과, 사람과, 세미나와, 커뮤니티에서 얻은 지혜를 치열하게 실천하면서 자기생산성과 자기효율성 극대화를 위해 개발한 개인자원관리시스템의 효과와 효율에 놀란 제 친구는 두 번째 사내이력서를 인재개발팀장에게 보냈습니다. 그의 책 '나는 내가 원하는 삶을 살고 싶다'에서 소개한 비전노트와 독서노트를 첨부했습니다. 준비된 자의 증거물의 힘으로 곧 인재개발팀원이 되었습니다. 제 친구는 두 번의 사내이력서에 의해 스스로 자기 삶의 모퉁이를 돌았습니다. 세 번째 길에서 사명을 만났습니다. 그의 삶의 진북_{True}

North, 그의 삶의 북극성The North Star을 찾았습니다.

자기 삶의 사명을 '드림마에스트로꿈의거장, 꿈의지휘자'로 정의하고 그 길을 걷기 시작했습니다. 사보에 칼럼을 연재하고 항공사 직원과 승무원의 꿈을 면접하고 그렇게 뽑은 젊은이들에게 꿈을 가르쳤습니다. 스스로 먼저 꿈을 학습하고 실천하고 나눴습니다. 막연한 꿈이 아니라 세상을 알고 직업을 알고 그 안에서 살아가야 할 자신을 안 다음에 내꿈을 찾아야 한다고 이야기하고 가르치고 책을 썼습니다.

제 친구는 자기는 실천하지도 않으면서 돈을 벌기 위해 꿈을 강의하고 꿈을 집필하는 자들을 한탄했습니다. 오로지 현란한 스킬만으로 남의 실천, 남의 경험, 남의 지혜를 짜깁기해서 마치 자기 이야기인 것처럼 전달하는 가짜 스승(부모, 스승, 선배, 강사, 작가)들을 안타까워했습니다. 제 친구는 자신을 만물의 영장이라고 자화자찬하는 인간들이 만들어가는 인간 지옥의 첫 번째 책임은 실천하지 않고 떠들기만 하는 가짜 스승들 책임이라고 생각했기 때문입니다.

제 친구 김상경은 자기가 이야기하는 삶을 살려고 치열하게 노력했습니다. 그리고 자기학습과 자기실천을 통해 얻은 지혜들을 세상에 아낌없이 나누다 갔습니다. 회사에서 누구도 시키지 않았는데 독서스쿨을 만들어 강의하고, 독서동아리를 만들어 운영하고 사내

도서관을 만들어 운영했습니다. 재능기부단을 기획해서 수백 명의 아시아나 직원들이 교육과 꿈의 사각지대에 있는 전국의 수십만 명 아이들에게 꿈의 가치와 방법을 알리게 하고 본인도 재능기부 운동의 제일 앞단에서 나눔을 실천했습니다.

퇴직 후에도 독서모임을 만들어 운영하고 독서모임 개설 및 운영 매뉴얼을 기획해서 전국에 3,000개의 소풍(소소한 일상을 풍요롭게 만드는) 독서모임을 복제시켰습니다. 그의 핵심가치는 학습, 실천, 나눔이었습니다. 그는 가치 중심의 삶을 늘 학습하고 실천하고, 나누면서 살았습니다. 비록 부유하진 못했지만 가치 있는 삶을 살다 갔습니다. 누군가에게서 얻은 지혜를 자기가 먼저 실천해서 단한 톨이라도 더 나은 지혜를 만든 다음, 또 다른 누군가에게 나눠주는 삶을 살다 갔습니다. 인간의 가치와 문명이 진짜 만물의 영장답게 바르게 발전할 수 있도록 스스로 가치를 학습하고 실천하고 나누는 삶을 살다 갔습니다.

제 친구가 세상이 인정하는 위대한 사람은 아니지만 스스로 위대하게 살아왔다고 자부하며 평안하고 행복하게 눈 감기를 소망합니다. 머지않은 날 그가 먼저 간 세상에서 먼저 떠난 내 소중한 친구를 꼭 다시 반가이 만날 수 있기를 소망합니다.

누가 내꿈을 훔쳐 갔을까?

에필로그

제 삶을 우리 국어 고유의 의태어인 '갈팡질팡, 빈둥빈둥, 뒤척뒤척, 두근두근, 어우렁더우렁'으로 정의하면서 무릎을 쳤습니다. '아! 대부분의 삶이 이렇겠구나!' 싶었기 때문입니다. 사람에 따라 시기의 차이는 있을 수 있지만 진짜 내꿈을 찾아가는 여정은 비슷하지 않나 싶습니다.

물론, 서문과 본문에서도 이야기한 바와 같이 반드시 거쳤으면 하는 이 다섯 단계를 거치지 못하고 가는 사람도 많습니다. 진짜 내꿈을 찾을 생각조차 못 하거나 안 한 사람, 진짜 내꿈을 찾고 싶었지만 찾지 못한 사람, 진짜 내꿈을 어렵게 찾기는 했지만 사랑에 빠져보지 못하고 꿈만 꾸다 가는 사람도 많습니다.

그러면서도 너나 할 것 없이 "꿈★은 이루어진다!"는 외침에 설레고 환호하고 박수치고 눈물까지 흘리는 것을 보면 내꿈이 있건 없건 꿈을 좋아하고 사랑하는 것은 분명합니다. 그래서 이 책을 쓰게 되었습니다.

'알아야 면장 한다'라는 말이 있듯이 꿈도 먼저 꿈 자체에 대해 알아야 내꿈에 장인, 달인이 될 수 있습니다. 내꿈을 찾기 전에 먼저 '꿈이란 무엇인가?'에 대해 다양한 경로와 사례를 통해 고민하고 학습해 봐야 합니다. 왜냐하면, 내꿈으로 선택하고 나면 그 내꿈이 내 땀과 눈물, 고민과 고생, 시간과 자원을 완전히 지배하기 때문입니다.

세상에 내꿈만큼 소중한 가치가 없는 만큼, 한번 선택하고 나면 나의 모든 생각과 일상에 막강한 영향력을 가진 무서운 지배자인 만큼 현명하고 지혜로운 선택을 해야 하고 그러기 위해서는 찾기 전에 이해부터 해야 합니다.

'꿈'이라는 단어는 아주 감성적이어서 그 단어만 들어도 설레고 기쁘지만 '내꿈'을 대하는 자세는 아주 이성적이어야만 진짜 내꿈을 찾을 수 있고 준비할 수 있고 몰입할 수 있고 이룰 수 있습니다. '꿈'이라는 감성적 단어가 주는 설렘과 희망의 에너지를 '꿈'을 이해하고 파헤치는 이성적이고 지성적인 노력의 에너지원으로 활용해야

누가 내꿈을 훔쳐 갔을까?

합니다.

독자에 따라서는 거슬리는 내용과 표현이 있을 수도 있고 어떤 분은 본인이 느끼고 고민했던 내용과 너무 맞아서 감동하는 분도 계시겠지만 그건 어디까지나 제 이야기에 대한 평가나 느낌일 뿐입니다. 실망이나 감동은 타인의 태도, 언행, 콘텐츠에 대한 나의 피상적인 생각일 뿐입니다. 그 상태에서는 내삶과 내꿈에 아무런 변화가 없습니다.

중요한 것은 그 이후입니다. 제 책과 제 이야기가 실망스러웠던, 감동스러웠던 독자님의 삶에 핑계로 삶을 거냐, 자극으로 삶을 거냐는 오롯이 독자님의 선택입니다. 똑같이 불우하고 불행한 환경을 경험한 사람 중에서도 성공자와 실패자가 나오듯, 타인의 태도와 언행과 콘텐츠도 어떤 사람은 자기 삶의 핑계로 받아들이고, 어떤 사람은 자기 삶의 자극으로 받아들이기 마련입니다.

아무래도 행복한 성공을 거두는 사람은 후자일 확률이 월등하게 높을 것입니다. 치열하게 경쟁하며 살아가야 하는 인간 세상에서 천사와만 어울리며 살 수는 없으니 옳은 일이든 그른 일이든 평가와 비평은 하되 그것이 내 안으로 들어올 때는 지혜와 자극으로 들어올 수 있도록 노력하는 삶이 내삶, 내꿈을 진정으로 사랑하는 삶이라고 생각합니다.

한발 더 나아가 외부에서 받은 지혜와 자극을 자기 성장의 발판으로 삼아 지혜와 의지를 다지고 발전시킨 다음, 조금 더 나은 상태로 세상을 이롭게 하는데 되돌려 주는 삶이 가장 아름다운 삶이자, 자신에게 자아존중감, 자기효능감, 자아실현감을 느낄 수 있는 매력적인 삶이 되지 않을까 싶습니다. 세상은 그런 사람들에 의해 아름다워지는 것이고요. 그런 사람들 중 한 분이 되시기를 소망합니다.

누가 내꿈을 훔쳐 갔을까?

.

누가 내꿈을 훔쳐 갔을까?

초판 1쇄 발행 2022년 1월 10일

지은이　김상경
발행처　예미
발행인　황부현
편 집　박진희
디자인　김민정

출판등록　2018년 5월 10일(제2018-000084호)

주소 경기도 고양시 일산서구 중앙로 1568 하성프라자 601호
전화 031)917-7279　　**팩스** 031)918-3088
전자우편　yemmibooks@naver.com

ⓒ김상경, 2022

ISBN 979-11-89877-78-1　03190